떠날 수 없는 관계는 없습니다

떠날 수 없는
관계는 없습니다

상처뿐인 관계를
떠나지 못하는 당신에게

임아영 지음

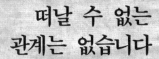

차례

"너는 어떤 사람이니?"

이런 질문을 받을 때면 어떤 답이 떠오르시나요? 저는 제가 하는 일을 바탕으로 저를 소개할 것 같습니다. "저는 임상 심리 전문가로 일하고 있습니다." 하고 말입니다. 조금은 따분한 자기소개이지만, 저는 이 소개가 썩 마음에 듭니다. 제가 스스로 선택하고, 꽤 좋아하며, 치열하게 공부하고 일해 온 지난 시간에 나름의 자부심이 있기 때문입니다.

인생의 반절 가까이 되는 시간을 심리학 공부에 쏟았으니, 저의 정체성과 떼어놓을 수 없는 부분이기도 합니다. 막연하게 심리학에 매료되어 부모님의 반대를 무릅쓰고 심리학과에 대학 원서를 넣었던 고등학생 시절부터 지금까지, 저의 모든 선택이 '임상심리학'을 중심으로 돌아가고 있으니 말입니다.

그러나 제가 이 일을 사랑하고 자부심을 느끼기까지는 많은 고비와 내적 갈등이 있었습니다. 임상심리는 대중에게 그리 친숙한 분야가 아닙니다. 그래서 제 소개를 들은 사람들이 "임상심리? 그게 뭐 하는 거죠?"라는 반응을 보일 때도 있죠. 한때는 사람들의 그런 반응에 상처받기도 했습니다. 내가 이렇게 좋아하고, 많은 시간과 노력을 투자한 일이 사회적으로 썩 인정받지 못하는 직업이라는 생각에 괜히 기가 죽고, 의기소침했습니다.

'더 번듯한 직업을 택했더라면 이런 열등감에서 자유로웠을까' 싶기도 했습니다. 하지만, 그럼에도 이 일과 공부를 지속할 수 있었던 이유는 무엇보다 제가 이 일의 본질을 좋아하기 때문이었습니다.

'인간의 마음을 깊게 들여다보고 이해하는 일'

그동안 저는 너무 자기중심적인 관점에 사로잡혀 있었습니다. 애초에 부와 명예를 누리고자 선택한 길이 아니었음에도, '마땅히 내가 열심히 한 만큼 그에 대한 보상과 사회적 인정이 따라와야 하는 게 아니냐'고 투덜댄 것입니다. 또한 나는 당연히 대접받아야 하는 사람이라고 자만하고 있었던 것이기도 합니다.

나는 나의 몫을 다할 뿐, 이 모습을 바라보는 주체는 결국 타인입니다. 내가 하는 일이 타인에게 도움이 된다면 긍정적인 평을 들을 것이고, 타인의 삶에 해가 된다면 부정적인 평을 들을 것이며, 나아가 대부분의 사람은 저와 무관하게 자기의 삶을 꾸리느라 바쁠 것입니다. 이런 와중에 그들의 생각과 마음을 내 입맛대로 바꿀 수는 없는 노릇입니다.

그러나 저는 제 몫보다 많은 것을 바라며 심통을 부렸습니다. 제가 타인의 삶에 얼마나 기여하는지와 상관없이, 직업적 타이틀이 가지는 후광을 누리고 싶었던 것뿐입니다. 그런 후광을 바랐다면 그에 걸맞는 길을 선택하고, 그에 부합하는 노력을 기울였어야 합니다. 그러나 애초에 그 길과 전혀 다른 이 길을 선택한 것은 다름 아닌 저 자신이었습니다.

이러한 생각에 이르자, 새로운 관점으로 자신을 돌아보게 되었습니다. 누가 등 떠밀어 강제로 이 일을 하는 것도 아닌데 실망할 게 뭐 있나 싶었고, 나라고 타인의 일에 큰 관심이 있거나 잘 아는 것도 아니라 반성도 했습니다. 또 임상심리학을 알리려면 임상심리학자들이 발 벗고 나서서 사회적으로 기여해야 하는 게 아닌가 하는, 약간의 사명감도 들었습니다.

이후 저는 임상심리가 도대체 뭐냐며 물어보는 사람들에게 그 관심에 감사해하며, 이런 대답을 하게 됐습니다. "임상심리란 인간의 정신건강과 정신병리를 연구하고 평가하고 치료하는 심리학의 전문 분야입니다. 사람들이 자기 자신을 이해하고 성장할 수 있도록 지원합니다"라고 말이죠.

이 직업은 특성상 마음이 아프거나 인생의 위기를 겪고 계시는 분을 많이 만나게 됩니다. 이러한 만남을 겪으며 삶의 고통이란 매우 고유한 동시에 보편적이라는 생각에 이르렀습니다. 사람들은 저마다 다르기에 서로 상처를 주고받고, 자기나 타인에 대한 불평불만도 많아지게 됩니다. '나는 왜 이 모양일까?', '저 사람은 도대체 왜 저러는 거지?', '왜 나에게만 이런 불행이 닥치는 거야?'라는 생각을 떨쳐내기 어렵습니다.

그러나 유독 가혹하고 유난한 경험들이 나에게만 부여된 비극은 아닙니다. 임상심리학자로서 겪은 제 고민은 다른 분들이 선뜻 이해하기 어려울 수도 있으나 조금 더 넓게 볼 때,

선택에 대한 후회나 비교에 따른 열등감은 누구나 맞닥뜨리는 보편적인 고민이기도 합니다.

자신의 고통에 매몰되어 있을 때는 주변이 보이지 않지만, 한 발짝만 물러나서 보면 모든 사람에게 자신만의 사연이 있습니다. 세상이 나에게만 특별히 관대할 이유도, 특별히 짓궂을 이유도 없습니다. 그러니 어쩌면 이런 고통의 보편성 덕분에 우리는 서로를 이해하고 또 서로를 위로해줄 수도 있지 않을까 싶습니다.

우리의 삶은 자기 의지와 무관하게 시작되고, 좋든 싫든 그 삶을 살아내야 할 임무가 따릅니다. 주어진 삶을 살아내야 할 운명에 처해 있다는 점에서는 모두 같지만, 삶은 어느 하나도 같지 않아 백 개의 삶은 백 가지 형과 색을 띱니다. 자신에게 주어진 삶의 모양과 빛깔을 어떻게 가꾸어 갈 것인지를 고민하고 선택하는 일, 임상심리학자로서 제가 하는 일은 사실 모든 인간이 궁극적으로 마주하는 질문이며, 숨 쉬는 동안 매일같이 던지는 질문이기도 합니다.

다만 저는 조금 더 많은 시간을 들여 전문적인 지식과 기술을 익혀 왔을 뿐입니다. 그러니 이 책에 쓰인 이야기들은 살면서 누구나 한 번쯤 겪었을 고민과 질문들에 대한, 임상심리학적 지식을 바탕으로 한 응답이라고 할 수 있습니다.

혹자에게는 이 응답이 뻔하고 고리타분하게 느껴질 수도 있겠습니다. 미리 변명하자면 저 또한 유별날 것 없는 인생을 살고 있거니와, 제가 남다른 무언가를 발견할 만한 연륜과 식견이 쌓이지 않았기 때문일 것입니다. 그러나 저는 그 부족함을 부끄러워하기보다 세상에 꺼내 놓고, 여러 사람과 나누며 소통하고 싶습니다. 그렇게 함으로써 제 삶의 모양과 빛깔이 조금 더 마음에 들도록 바뀔 것이기 때문입니다. 그리고 그 선택의 결과가 한 권의 책으로 묶여 세상에 나오게 되었습니다.

이 책은 나와 타인의 모습을 있는 그대로 바라보고, 나는 어떤 사람인지, 나답게 사는 것이 무엇인지에 대한 해답을 찾아가는 여정의 기록이기도 합니다. 양육자와 유아 사이의 정서적 유대를 의미하는 애착attachment은 자신이 누구인지, 타인은 어떤 존재인지에 대한 심리적 표상을 형성하는 최초의 장이자, 자율성과 정서조절, 대인관계 및 메타인지 발달의 토대로 작용합니다. 따라서 이 책에서는 안정적인 애착 관계에서 '나는 누구인지'에 대한 통합적인 자기감을 경험하기 어려웠던 사람들이 살면서 마주하게 되는 문제들, 예컨대 자율성의 부족, 감정조절 및 대인관계의 어려움, 부정적인 사고에 침잠되는 것 등을 중심으로 애착의 본질과 변화의 가능성을 두루 살펴봅니다.

첫 번째 장에서는 부모로부터의 심리적 독립에 대해 다루고, 두 번째 장에서는 자신의 감정을 인식하고 적절히 표현하는 것의 중요성을 이야기합니다. 세 번째 장에서는 관계 속에서 자신의 중심을 지키면서도 타인과 연결감을 잃지 않는 방법을 살피고, 마지막 장에서는 자기 생각과 경험을 부정하지 않고, 있는 그대로 관찰하고 담아내는 방법을 다룹니다.

물론 인생의 전반부에 겪는 불안정한 애착 관계가 심리적 문제의 유일한 원인은 아닙니다. 책에서 다루지 않은 다양한 원인과 해결책이 존재할 수도 있습니다. 또한, 애착 관계를 바탕으로 우리의 과거를 추적하는 이유가 불행했던 과거와 양질의 애착 관계를 형성하지 못했던 부모를 탓하기 위함은 더더욱 아닙니다.

그럼에도 애착 관계에 주목하는 이유는 애착이 다양한 심리적 작용과 광범위하게 연결되어 있기 때문입니다. 애착에 대한 이해는 자신에 대한 폭넓은 이해를 돕는 실마리가 될수 있고, 유전적, 환경적 요소에 비해 노력과 개입으로 새로운 애착 관계를 형성하는 데 도움될 가능성이 큽니다. 따라서 이 책은 과거를 되짚어 심리적 문제의 원인을 밝히기에 그치지 않고, 진정한 나 자신으로 살기 위해 삶의 경험들을 어떻게 조직해 나아갈지를 조명하고자 했습니다.

이 모든 여정의 끝에 각자 자신이 품어왔던 질문에 대한 각자의 답을 찾기를, 또 늘 함께하면서도 항상 소외시켜왔던 자신의 마음에 가닿게 되기를 바랍니다.

* 책에 인용된 사례들은 모두 각색되었음을 밝힙니다.

인간이 변하나요?

심리치료를 받으러 오는 사람들, 심리치료에 대한 의구심을 표현하는 사람들이 흔히 하는 질문이 있습니다. "인간이 변하나요?"가 바로 그것입니다. 이 질문은 생물학적으로 물려받은 유전자, 타고난 본성, 정해진 운명, 주어진 환경, 벗어날 수 없는 굴레에 대한 좌절의 표현이자, 내가 아닌 다른 누군가가 되고픈 욕망, 혹은 내가 아닌 누군가를 내가 원하는 모습으로 바꾸고 싶은 통제 욕구이기도 합니다.

고대 그리스 델포이의 아폴론 신전에 새겨진 '너 자신을 알라'라는 문구가 정신분석의 명제가 된 것은, 그만큼 자기 자신의 모습을 있는 그대로 직시하는 것이 어렵기 때문일 것입니다. 나 자신이 누군지 알 수 없도록, 내 마음의 눈을 가리고 있는 것은 무엇일까요? 나를 있는 그대로 인정한다는 것이 왜 그렇게나 무서운 일일까요? 또 내가 누구인지 똑바로 마주 볼 수 있는 거울은 어디에서 찾을 수 있는 걸까요?

인생 최초로 나의 모습을 비춰주는 거울은 바로 부모입니다. 생존 여부를 오로지 부모에게 의존할 수밖에 없는 유아에게 있어 부모는 세상 전부이자 우주 그 자체입니다. 대다수 부모는 자식을 사랑하고, 자녀에게 좋은 것을 주고픈 선의가 있습니다. 하지만 자식을 사랑하는 것과 자녀의 말에 귀를 기울이는 것은 다른 이야기입니다. 타인의 말에 귀를 기울인다는 것은 그 사람이 어떤 사람인지를 알고자 노력을 기울인다는 뜻입니다. 그러한 노력의 기저에는 '내 자식이지만 나와 다를 수 있고, 내 자식이지만 잘 모를 수 있다'라는 무지의 인정과, 자녀를 별개의 존재로 볼 수 있는 독립성이 전제되어야 합니다. '나는 너에 대해 잘 모른다', '내가 보는 것이 전부가 아니다'와 같이, 무지에 대한 인정이 자녀가 자기 자신이 될 수 있는 자유를 허락합니다.

안타까운 것은 부모도 불완전한 인간인지라, 자기 자신이 어떤 사람인지 잘 알지 못합니다. 부모 역시 불가항력의 굴레를 답습했을 가능성이 큰데, 자신이 받지 못한 것을 줄 수 있는 사람은 무척이나 드뭅니다. 그래서 사랑과는 별개로 자신의 결핍과 열등감, 채 이루지 못한 과업들을 알게 모르게 자녀에게 전가합니다. "너는 이런 사람이지?", "너는 이런 사람이 되어야 해!", "실망시키지 않을 거지?", "엄마가 이렇게 희생하고 있어!" 같은 말들로 자녀의 마음속에 심리적 창살을 세웁니다.

부모와 사회로부터 이름 붙여지고 규정된 가짜 정체성과 자기의 진짜 모습이 불일치할 때가 많습니다. 이때 느끼는 괴리감은 곧 신경증의 원인이 됩니다. 부모의 성에 차지 않는다고 자녀를 비하하고 깎아내리면 자녀의 자존감에 상처가 납니다. 하지만 자녀의 실제 모습보다 그럴듯하게 부풀리고, 그것을 참이라 믿으며 치켜세우는 것도 자녀의 존재 자체를 부정하는 태도이긴 매한가지입니다.

늘 원인 모를 두통에 시달리고, 사춘기에 접어들면서 체중이 급격히 줄어들기 시작한 소녀가 있었습니다. 신경과와 내과를 전전하고도 의학적인 이유를 찾을 수 없자, 마침내 정신건강의학과에 내원하게 되었습니다. "우리 딸이 항상 1등만 하거든요. 저희는 항상 공부하지 말고 일찍 자라고 해요! 도대체 이유를 모르겠어요." 엄마의 걱정 속에는 자부심이 자리해 있었습니다. 엄마가 자리를 비우자 소녀는 마치 엄청난 비밀을 털어놓듯 말했습니다. "선생님… 저 사실 밤새워서 공부하거든요. 항상 1등만 하는 것도 아니고요."

사회적인 위신을 세우려 혹은 자신의 결핍을 메우려 자녀의 성취와 외모를 트로피처럼 여기는 부모 품에서, 자녀는 무거운 왕관을 쓴 듯한 중압감을 느낍니다. 나아가 부모의 인정과 사랑을 받고 싶은 아이들은 부모의 자랑거리가 되지 못하면 언제든 내쳐질 수 있다는 불안을 품지요. 이런 중압감은 대체로 자식의 평생을 짓누르며, 아무리 노력해도 도달하지 못하는 이상적 목표로 작용합니다. 평생 자기를 다그치며, 어떤 성취에도 마음속 깊은 곳에서부터 진정으로 만족하기 어렵게 됩니다.

소위 성공하고서도 내면이 황폐하다는 이들은 자신을 비추는 내면의 거울이 어그러져 있기 때문입니다. 대단한 성취를 이룬 것처럼 보여도, 그 내면의 거울은 끊임없이 외부 세계의 이상향인 '백설공주'와 자신을 대비해 스스로를 초라하게 만듭니다. 하지만 그 거울은 너무나 절대적이라 감히 거울을 부정할 생각은 하지 못합니다. 대신에 자기 몸에 묻은 티끌을 샅샅이 찾아내고, 더 멋지고 그럴듯한 포장지로 자신을 숨기기 위해 매진합니다.

물론 이 모든 비극의 책임이 부모에게만 있는 건 아닙니다. 부모가 자녀에게 환상을 덧씌우듯, 자녀도 부모에게 실제보다 무겁고 비장한 환상을 덧씌웁니다. 부모가 자녀에게 물려준 왜곡된 거울은, 자녀의 마음 속에서 더욱 극단적으로 왜곡됩니다. 자녀가 어른이 되어 부모가 자녀의 인생에 더는 큰 영향을 끼칠 수 없는 시점에서도, 내면의 왜곡된 거울은 계속해 과거를 비춥니다. 그래서 자녀가 언젠가 부모에게 받은 상처를 성토라도 할라치면, 대다수의 부모는 이렇게 말합니다. "내 말은 그런 뜻이 아니었다"라고요.

부모와 마찬가지로 자녀 또한 '내 부모가 어떤 사람인지 아직 잘 모른다', '내가 보는 부모의 모습이 전부가 아닐 수도 있다' 하는 생각을 허락하지 않습니다. 자녀의 마음속 부모는 절대적이고 위협적이던 과거의 모습으로 박제되어 있습니다. 이러한 관계에서 부모와 자식은 서로를 있는 그대로 바라보지 못하고, 둘 사이의 평행선도 좀체 좁혀지지 않습니다. 그토록 사랑하면서도 서로를 모르는, 이토록 기구한 관계가 또 있을까요? 이러한 맥락에서 부모가 세상을 떠난 후 자녀가 느끼는 후회와 죄책감 또한 '진정으로 단 한순간도 부모를 한 인간으로 이해하지 못했다'라는 깨달음에서 오는 것일지도 모릅니다.

혹자는 심리치료가 바뀔 수 없는 과거와 부모의 과오를 들춘다는 점을 못마땅하게 여깁니다. 하지만 심리치료는 과거를 탓하고 부모를 원망하기 위한 장치가 아닙니다. 다양한 심리치료 이론의 근간에 놓인 공통적인 뿌리는, 바로 '영혼의 치유'입니다. 정신분석학의 창시자인 프로이트Sigmund Freud는 정신분석의 목적이 자기 자신에 대한 통찰을 바탕으로 '어린아이에 대한 양육 개혁'을 일으키는 것이라고 했습니다. 분석심리학의 창시자인 융Carl Gustav Jung은 "부모가 자녀에게 줄 수 있는 최고의 선물은 부모가 자기 몫의 삶을 다 살아냄으로써, 자녀가 자기 자신이 되도록 허용해주는 것"이라고 했지요.

이들이 공통적으로 지향하는 바는 부모가 씌운 굴레를 걷어내고, 또 자신의 자녀에게 온전한 부모가 되어주는 것입니다. 그러기 위해서는 자신이 온전한 존재가 되도록 양육할 책임이 자신에게 있다는 것을 받아들여야 합니다. 온전함은 완전함과 다릅니다. 불완전하고, 불확실하고, 뒤틀리고 모자란 모습까지 자신의 모습으로 받아들이는 것을 의미합니다. 자기 자신을 알고 자신을 온전히 비춰주는 거울을 스스로 마련해야만, 자신의 왜곡된 시선이 자녀의 마음속에 거짓 자아의 씨앗을 뿌리는 것을 막을 수 있다는 뜻이기도 합니다.

처음으로 돌아가 보겠습니다. "인간이 변하나요?"에 대한 심리치료의 답은 이렇습니다. '심리치료는 내가 아닌 다른 누군가로 변하는 것이 아니라, 나 자신이 되는 과정'입니다. 신들이 인간을 만들 때, 인생에 대한 해답을 어디에 둘지 논쟁했다고 합니다. 산 정상에, 지구 중심에, 바다 밑에 놓자는 의견이 분분했지만, 곧장 찾아내고 말 것이라는 반대에 부딪혔습니다. 그때 한 신이 "인생에 대한 해답을 그들 안에 둡시다. 그들은 결코 해답을 찾지 못할 겁니다"라고 하자, 다들 동의했다고 합니다. 자신에 대한 답은 자기 안에 있기 마련이고, 답을 찾아내기 위해서는 자신에게 솔직해지는 수밖에 없습니다.

나 자신으로 산다는 것은 분명 어려운 일입니다. 내가 누구인지, 어떻게 살아야 하는지 알 수 없는 공포와 막막함이 밀려올 때 할 수 있는 일이란 '내가 아는 내 모습이 전부가 아닐 수도 있다', '살면서 알아가 보자'라는 무지의 자유를 자신에게 허용해주는 것뿐일지도 모르겠습니다.

1.

'가족'이라는,

선택 밖의 관계

세상에서 벌어지는 많은 일에는 별다른 이유가 없고, 인생의 향방을 결정하는 조건들은 단순히 온전한 무작위성, 랜덤플레이의 산물일 때가 많습니다. 이를 우연이나, 운명이라고 칭하기도 합니다. 그중 '어떤 부모에게서 태어나는지'는 인생이라는 게임의 첫 번째 갈림길에 해당합니다. "저를 세상으로 내보내 주세요"라며 자발적으로 태어난 사람은 없듯, 어떤 부모를 만날지 선택할 수 있는 사람도 없습니다. 그러나 선택 여부와 무관하게 이런 조건들은 인생에 지대한 영향을 끼칩니다. 부모로부터 물려받은 유전적 특질과 양육환경, 부모의 성품과 경제력, 학력 등이 나의 초기 발달과 인격

형성에 얼마나 많은 영향을 미칠까요?

이렇게 나의 기원을 찾아가다 보면, 필연적으로 부모에 대한 사랑과 원망이라는 양가적 감정에 봉착합니다. 하지만 긍정과 부정의 비율은 사람마다 다를 것입니다. 누군가는 부모에 대한 애정과 감사와 존경을, 누군가는 원망과 분노와 미움의 감정을 더 크게 느낄 것입니다. 아마도 후자는 '부모에게 더 많은 사랑을 받았더라면 더 행복하고 건강한 사람이 되지 않았을까' 하는 질문을 간직하고 있을지도 모릅니다. 어쩌면 지금 이 책을 읽고 있는 이유도 이 뿌리 깊은 질문에 대한 답을 찾기 위한 여정일 수도 있고요.

내가 지금의 모습으로 사는 것이 모두 부모 '때문'은 아닙니다. 부모가 나에게 미친 영향을 아는 것과 그 책임을 돌리는 것은 전혀 다른 차원의 문제입니다. 부모와 맺어온 관계의 속성을 추적하는 근원적인 목적은 부모를 비롯한 외부를 탓하는 타율적인 자세에서 벗어나, 나의 인생을 주체적으로 살아가기 위함입니다.

사실 선택 밖의 우연에 대한 불만족은 부모 문제에만 국한되지 않습니다. 선천적 장애, 불치병, 불의의 사고, 전쟁… 현실에는 개인의 통제를 벗어난 불행이 차고 넘칩니다. 운 좋게 몇몇 불행을 피한다 한들, 삶에서 마주하는 비극을 모두 피하기란 사실상 불가능합니다. 이렇게 보면 인생은 예측 불가한 운명의 도전을 끊임없이 맞닥뜨리며 죽음으로 나아가는 비극적 퍼레이드처럼 보이기도 합니다.

그러나 삶을 결정하는 모든 요소가 통제 불가인 것은 아닙니다. 내 의지대로 태어난 것도 아니고 내가 원해서 겪는 불행도 아니지만, 이러한 비극을 마주할 때 우리는 선택할 수 있습니다. '왜 하필 나에게 이런 일이 생긴 것인지'를 두고두고 곱씹으며 과거의 불행에 갇혀 있을지, 혹은 주어진 운명을 받아들이고 자신의 인생을 개척해나갈지.

선택하지 않은 인생이지만 의지대로 살아내야 하는 것은 모든 인간에게 주어진 숙명일지도 모릅니다. 이런 관점에서 인생의 처음과 끝, 생과 사만큼은 어느 누구에게나 공평합니다. 다만 통제 불가한 요소들을 얼마나 성숙하게 받아들이는지에 따라 처음과 끝을 잇는 중간 영역을 내 의지대로 채색할 자유와 '이만하면 괜찮은 삶이었다'라는 만족을 얻을 수 있을 것입니다.

부모와 자녀 관계도 선택이 아니라 운명처럼 주어진 것이기 때문에, 우리는 이 운명에서 벗어나 자신의 인생을 살아가야 할 임무가 있습니다. 옛날이야기 속 영웅들은 어김없이 부모가 없거나 부모에게 버림받고, 모진 풍파를 견디며 미지의 세계를 탐험합니다. 병들거나 곤경에 처한 부모의 곁을 떠나 여로에 서는 주인공도 쉽게 찾아볼 수 있습니다. 길고 긴 모험과 난관을 뚫고 그들이 도달하게 된 최종 목적지, 그들이 손에 쥐게 된 자유의 열쇠는 무엇일까요?

그것은 다름 아닌 부모로부터의 '심리적 독립'이라는, 모든 인간에게 주어진 근원적인 숙제의 해답이었을 것입니다. 부모가 어떠한 사람이든, 그들이 우리에게 어떤 영향을 끼쳤든 간에, 성인으로서 우리는 그 영향력에서 벗어나 자기의 인생을 스스로 선택하고 책임져야 합니다. 뿌리로부터 떨어져나와 홀로 서는 삶의 무게를 견뎌내야만 부모의 그림자에 휘둘리지 않는 자유와 심지를 갖게 되는 것입니다.

만일 부모에 대한 원망과 분노가 너무 커서 수시로 마음이 괴롭고, 인생이 부모 때문에 망가진 것 같다면, 혹은 부모에게 과거 잘못에 대한 사과를 받아야만 인생을 제대로 살 수 있을 것 같다면 부모와 떨어져 있을지라도 심리적으로 휘둘리고 있는 것입니다. 심지어, 때로 부모가 위대하고 존경스러우며 인격적인 하자가 없는 사람일 때조차도 부모의 그늘에서 자유롭기는 어렵습니다. 부모가 세운 업적에 가려 평생 기를 펴지 못하는 사람들, 누구의 아들딸로만 기억되는 사람들, 부모의 기대에 부응하는 것이 인생의 유일한 목표인 사람들 역시 심리적 독립을 이루지 못한 셈입니다.

심리적으로 예속된 상태에서는 대상에 대한 미움과 사랑을 함께 간직하기가 어렵습니다. "엄마는 저 때문에 인생이 망했다고 생각했어요", "아빠는 뭐 하나 제대로 이룬 게 없어요"라고 말할 때, 그들에게 받은 사랑과 돌봄의 기억은 무너져내린 상태입니다. 내 피에 흐르는 긍정적 자질과 내 안에도 분명히 존재하고 있을 애정, 연민 같은 따뜻한 마음을 신뢰하지 못합니다. 반면, '엄마는 저를 위해 한평생 희생하신 분이죠' 또는 '아버지는 제가 감히 넘볼 수 없는 큰 산이었습니다'라며 이상화하는 경우도 마찬가지입니다. 이런 경우는 부모의 인간적인 한계와 실수를 부정하고, 그들로부터 받은 상처와 결핍을 외면하고 있을지도 모릅니다.

마음속에서 부모에 대한 표상이 흑과 백으로 대립하는 동안에는 부모의 실제 모습을 온전히 볼 수 없습니다. 심리적인 독립을 이루고 부모의 영향권에서 벗어나야만 그들을 장점과 단점이 공존하는 한 인간으로 마주할 수 있습니다. 그렇다면 어떻게 심리적 독립을 쟁취할 수 있을까요? 언젠가 제가 같은 질문을 던진 적이 있습니다. 그때 제가 구했던 대답은 "불안하지 않으면 떨어질 수 있다"였습니다.

심리적 독립의 전제 조건은 안정적인 애착 관계에서 비롯된 안전 기지secure base입니다. 애착이란 유아와 양육자 사이의 정서적 유대를 뜻합니다. 유아가 엄마 품을 벗어나 자율적으로 환경을 탐색하고 놀이를 즐길 수 있는 이유는 언제나 엄마와 연결되어 있다고 느끼고, 언제든 돌아갈 곳이 있음을 알기 때문입니다. 즉, 연결되어 있기에 분리될 수 있고, 분리되어 있기에 다시 연결될 수 있는 것입니다.

애착 관계의 질을 관찰하기 위해 발달심리학자 메리 에인스워스Mary Ainsworth가 고안한 낯선 상황 실험은 연결과 분리의 속성을 잘 보여줍니다. 엄마와 함께 낯선 실험실에 들어간 유아는 잠시 후 엄마가 떠나고 낯선 사람과 함께 실험실에 남겨집니다. 곧이어 엄마가 돌아오고 동일한 절차가 한 차례 더 반복됩니다. 이 과정에서 상황별로 유아의 반응을 관찰함으로써 애착의 유형을 안정형과 불안정형으로 분류합니다. 안정형에 속한 유아는 엄마가 함께 있는 동안 낯선 장소를 씩씩하게 탐색하다가, 엄마가 떠나고 낯선 사람과 함께 남겨지면 당황한 모습을 보입니다. 그러나 곧이어 엄마가 돌아오면 다시 환경을 탐색하고 놀이에 집중합니다.

불안정형의 한 부류는 엄마에게서 잠시도 떨어지지 않으

려고 하고, 엄마가 떠나자 몹시 불안해하며, 엄마가 돌아온 후에도 쉽사리 달래지지 않았습니다. 이 아이들은 불안정 양가형(집착형)으로 분류되었습니다. 또 다른 불안정형 부류는 엄마를 회피하거나 무시하고, 엄마가 돌아와도 별다른 감정적 반응을 보이지 않았습니다. 그러나 이들의 무덤덤한 표정과는 달리 실험 후에 스트레스 호르몬인 코르티솔 수치가 눈에 띄게 증가했기에, 그들이 실제로는 몹시 불안해하고 있음을 알 수 있었습니다. 이 아이들은 불안정 회피형(무시형)으로 분류되었습니다. 불안정형에 속한 아이들은 세상으로 나아가거나 타인과 연결되지 못했습니다. 그들에게는 불안한 마음을 기댈 안전 기지가 부재했던 것입니다.

중요한 것은 애착이라는 이 정서적 유대는 양육자가 아이를 독립되고 동등한 인격체로 대할 때에만 성립한다는 것입니다. 건강한 애착 관계는 두 사람을 마치 한 몸처럼 살거나 동떨어진 채로 사는 것이 아니라, 너와 내가 마주하며 서로의 마음을 주고받는 관계입니다. 이를 위해서는 양육자와 아이 사이에 적당한 거리가 있어야 합니다.

아이가 중요한 시험을 망쳐 속상해할 때, 식음을 전폐하고 앓아눕는 부모는 아이와 자신을 분리하지 못한 상태입니다. 아이의 실패가 곧 자신의 실패이기 때문에, 아이의 마음을 돌보기보다 자기의 슬픔에 빠져 허우적댑니다. 이 대척점의 경우로 아이가 속상해할 때 그 이유를 물어보지 않거나 "시험을 망친 건 네 문제야. 감정조절 잘해야지"라고 외면하는 부모도 있습니다. 이런 경우에 양육자와 아이의 마음은 서로 닿지 않고 각자 고립된 세계에서 살아가게 됩니다.

안정적인 애착 관계 내의 부모는 아이의 마음에 부합하는 반응을 하지만, 자신의 감정과 아이의 감정을 구분합니다. "많이 속상하지? 실망하는 걸 보니 엄마도 마음이 안 좋아. 그래도 속상하다는 건 그만큼 열심히 하고 또 기대했다는 뜻이겠지. 마음 잘 추스르고, 어떤 점을 보완하면 좋을지 살펴보자꾸나. 엄마가 도울 게 있으면 뭐든 말하렴." 아이는 부모로부터 지지와 위로를 느끼는 동시에, 부모를 실망시키지 않기 위해, 혹은 부모에게 혼나지 않기 위해서가 아니라 자신의 목표를 달성하기 위해 길을 찾을 것입니다. 자율적으로 자기 인생을 살아가게 되는 것이죠.

분리된 채로 연결을 느끼지 못하는 사람들, 마음속 안전 기지를 구축할 수 없었던 사람들은 분리에 따른 불안을 감내하지 못합니다. 그리하여 성인이 되어서도 그 안전 기지를 제공할 여력이 없었던 부모에게서 떨어지지 못하고, 계속해서 부모를 원망하며 삭은 동아줄을 붙들고 있는 것입니다.

왜 이리도 부모를 놓아주지 못하는 걸까요? 불의의 교통사고처럼 나의 통제 범위 밖에서 벌어지는, 받아들여야만 하는 삶의 일부라는 것을 받아들이지 못하는 걸까요? 어쩌면 부모가 나에게 생을 부여했으니, 내 인생에 대한 책임이 여전히 그들에게 있다고 여기고 싶은 것일지도 모릅니다.

부모의 어깨에 올려뒀던 그 책임을 내가 짊어지고자 할 때, 부모를 신의 위치에서 인간의 위치로 돌려놓을 때, 그리하여 부모의 인간적 한계를 직시하기 시작할 때, 내가 원하는 것을 얻기 위해 그들을 바꾸려는 시도를 멈출 때, 비로소 여로에 설 마음의 준비가 된 것입니다. 그 여정에서 우리는 심리적 독립이라는 삶의 숙제를 풀어나갈 것이고, '나는 누구인가'에 대한 대답을 스스로 써나가게 될 것입니다. 또 안타깝게도 안정적인 애착 관계를 구축할 인생의 첫 번째 기회는 순탄치 않았으나, 두 번째 기회는 내 손에 달려 있음을 깨닫고, 나 자신을 어떻게 채우고 자녀들에게 어떤 부모가 되어야 할지 배워갈 것입니다.

부모로부터 심리적으로 독립한다는 것이 부모와 연을 끊거나 과거를 잊어야 한다는 뜻은 아닙니다. 내 인생을 충실히 살아내고자 할 때, 비가역적이고 통제 불가한 삶의 요소들을 인생의 일부로 받아들일 때, 그리하여 내가 바꿀 수 있는 것과 바꿀 수 없는 것을 구분할 때, 내 뜻대로 바꿀 수 없더라도 내 안에 공존할 수 있음을 인정할 때, 우리는 다양한 모순적 경험과 양가적 감정을 함께 감당하게 됩니다. 그리하여 부모에 대한 사랑과 미움 사이에서 그 어느 쪽도 부정하거나 어느 하나로 다른 하나를 상쇄시키지 않고, 양쪽을 모두 있는 그대로 바라보게 될 것입니다. 부모에 대한 감사한 마음은 감사함대로, 과오는 과오대로 인정하면서 어느 정도의 거리가 최선인지를 스스로 선택하고 자신의 위치를 조정하는 것, 그것이 바로 심리적 독립의 본질입니다.

이번 장에서는 심리적 독립을 쟁취하는 과정에서 맞닥뜨리는 주제들을 살펴보고 부모로서, 자녀로서 자신의 인생을 자율적으로 살아가기 위해 갖추어야 할 태도를 이야기해보겠습니다.

내가 낳았어도 너의 인생은 너의 것이야

부모가 되겠다는 선택

부모가 자녀에게 미치는 영향력을 생각하면, 부모가 된다는 것은 실로 엄중한 사안이 아닐 수 없습니다. 오늘날 한국 사회의 낮은 출산율은 천정부지로 치솟는 집값, 높은 청년실업률, 극복할 수 없는 부의 양극화 같은 경제적인 이유가 크겠으나, 심리적인 기저에는 불행의 세습을 스스로 끊겠다는 비장함도 서려 있습니다. '나의 삶이 그다지 행복하지 않고, 이런 삶을 자식에게 물려주고 싶지 않다', '나의 자녀가 이 세상을 살아나갈 수 있는 괜찮은 조건을 마련해주기 어렵다'와 같은 생각들이죠.

이런 사고는 일견 책임감 있는 모습일 수 있겠으나, 다른 한편으로는 지나친 통제 욕구의 반영일 수도 있습니다. 부모로서 책임을 과대하게 여기는 것은 곧 부모와 자기의 삶, 자기와 자녀의 삶을 잘 분리하지 못한다는 방증이기도 하고요. 본인 스스로 물질적으로든 정신적으로든 부모의 영향을 많이 받았고, 자신이 자녀에게도 그만큼 영향을 끼칠 수 있다는 두려움이 있을 수도 있습니다. 하지만 애초에 자녀의 삶은 나의 그것과 다르고, 세상에 대한 판단은 태어나서 자신의 삶을 살아본 자에게나 가능합니다.

현시점에서 '해줄 수 있는 게 별로 없어 낳지 않는 편이 낫다'라거나 '우울한 삶을 살게 될 거야' 같은 예견도 다 자기중심적 추측일 뿐입니다. 오히려 출산과 양육에 대한 가치관에서 알 수 있는 것은 나 자신입니다. 내가 인생에서 어떤 태도를 바탕으로 삶에 얼마나 만족하고 있는지를 보여주는 척도이지, 자녀가 맞이할 미래를 가늠하는 척도는 아닙니다. 만일 알게 모르게 이러한 생각이라면, 자기 스스로 자녀를 자신의 분신으로 생각하는 것은 아닌지, 또 내가 나의 부모와 얼마나 독립적인 인간관계를 맺고 있는지 돌아볼 필요가 있습니다.

그러니 부모가 될지 말지에 대한 선택은 태어나지도 않고 짐작할 수 없는 자녀의 의중이 아니라, 지금 자신의 욕구와 가치에 따른 판단임을 명확히 하고 자기 선택에 따른 책임을 다해야 합니다. 만일 아이를 낳지 않기로 선택한다 해도 잘못이 아닙니다. 다만, '아이를 위해서'라는 명분을 내세우기보다는 나 자신을 위한 선택임을 분명히 해야 합니다. 만일 부모가 되기로 선택한다면 '내가 너를 낳았고, 성인이 될 때까지 양육의 책임을 다하겠으나, 너의 인생은 너의 것'임을 존중해줘야 합니다.

부모도 부모가 처음이라

자발적으로 부모가 되기로 선택하고 좋은 부모가 되겠다는 마음이 가득할지라도, 실전 양육에 돌입하면 양육의 어려움을 매번 실감하게 됩니다. 정신건강의학과나 심리상담소에 있으면 부모와 자녀 간의 부정적 상호작용을 숱하게 접합니다. 관찰자의 시점에서 '그렇게 반응하시면 안 됩니다'와 같은 진단은 쉽지만, '그럼 어떻게 해야 하나요?'라는 질문에는 말문이 막힙니다. 부모의 특정 행동과 반응의 원인은 복합적이라 하나의 결정적인 원인을 찾기는 쉽지 않습니다. 아이에게 불같이 화를 내는 엄마는 일과 육아에 지쳤거나, 경제적 궁핍에 시달리거나, 부모로서 책임감을 과중하게 여기거나, 감정을 조절하는 법을 모르거나, 까다로운 아이의 기질을 감당하지 못하거나, 아이와 궁합이 맞지 않는 성격일 수 있습니다. 혹은 그중 몇 개, 아니면 모두 다 해당할 수도 있고요.

만일 자기 부모에게서 건강한 반응을 경험해보지 못했다면 좋은 부모가 되는 길은 더더욱 험난해집니다. 사랑이라는 이름으로 행해진 신체적, 정신적 폭력과 그릇된 관심, 방임, 소통의 부재 등은 사랑에 대한 신념 체계를 왜곡시킵니다. 그리고 그 그릇된 신념은 우리의 마음속에 뿌리내려 삶을 좌지우지하는 보이지 않는 힘으로 작용합니다. 보이지 않는 힘을 깨닫고 벗어나고자 해도 마음은 관성이 대단합니다. 새로운 방법과 기술을 습득하여도 그때뿐, 오래도록 체화된 반응에 번번이 지고 맙니다.

좋은 부모가 되고자 책으로 열심히 육아 이론을 섭렵해도 이론과 실전의 괴리는 클 수밖에 없습니다. 책에 나온 그 아이와 내 아이는 다르니까요. 이론은 여러 현상을 묶어서 설명하는 하나의 법칙입니다. 예를 들어 '만 2세의 아이는 짧은 구나 문장을 말할 수 있다'라는 명제는 만 2세 무렵의 수많은 유아를 관찰해서 얻어진 평균적인 모습을 반영합니다. 하지만 현실 세계에서 대푯값에 해당하는 그 평균적인 모습과 완벽하게 일치하는 개인은 어디에도 존재하지 않습니다. 만

2세 이전부터 긴 문장을 술술 구사하는 아이도 있고, 언어발달이 늦게 이뤄지는 아이도 있습니다. 어떤 아이는 "엄마, 배고파"를 먼저 말하고, 어떤 아이는 "아빠, 놀아줘"를 먼저 말하겠죠.

이론이 정립되는 과정에서 개별 현상을 관통하는 공통점은 살아남겠지만, 개인을 개인답게 하는 고유성은 가려집니다. 따라서 이론을 통해 전반적인 발달 과정을 이해하고 내 아이의 상대적인 특징을 파악하는 데 도움이 되겠으나, 아이의 고유성을 무시하고 이론에 아이를 끼워 맞추는 시도는 왜곡된 신념에 가깝습니다.

각박한 현실은 양육 에너지를 고갈시키는 또 다른 주범입니다. 지칠 대로 지쳐 짜증이 가득한 부모의 반응에 자녀가 움찔하며 뒷걸음질 칠 때면, 그 작은 어깨에 자신의 어린 날이 겹쳐짐에도, 지친 마음을 일으켜 어린 마음을 다독여주기가 힘듭니다. 좋은 부모가 되려면 나 자신이 먼저 여유가 있고, 행복한 사람이 돼야 하는 이유가 여기에 있겠죠.

하지만 좋은 부모가 아닌 자신을 너무 비난할 필요는 없습니다. '대상관계이론'을 주장한 위니캇Donald W. Winnicott이 말한 충분히 좋은 엄마good enough mother는 이상적이고 완벽한 엄마가 아니라 그저 평범한 보통 엄마, 그만하면 좋은 엄마

1. '가족'이라는,

이니까요. 보통 엄마는 자녀에게 웃고, 화내고, 끌어안고, 다투는 그 모든 모습의 집합체, 즉 평범한 인간입니다. 자녀를 대할 때 중요한 것은 일순에 던지는 말과 행동보다도, 자녀를 대하는 전반적이고 지속적인 태도입니다.

건강한 부모로서 갖춰야 할 태도는 다양한 면을 지닌 입체적인 인간으로서, 자녀 역시 입체적인 인간으로 대하는 것입니다. 이를 위해서는 자녀의 현실에 부합해, 사방을 비춰주는 거울이 되어줘야 합니다. 결국, 나 자신이 되는 것과 좋은 부모가 되는 것은 궤를 같이하는 이야기라고 할 수 있습니다. 내가 나를 있는 그대로 볼 수 있을 때, 자녀를 있는 그대로 볼 수 있는 눈도 갖게 될 것입니다.

지혜롭게 선의를 전하는 법

부모의 선의가 자녀에게 부합하지 않는 예를 보겠습니다. 흔히 '얼굴 천재'라 불리는 원빈이나 차은우 같은 스타의 부모님은 자식이 자만에 빠질까 "너는 잘생긴 게 아니다. 너만큼 생긴 사람 많다"라고 말했답니다. 결과적으로 스타가 됐으니 부모의 겸손이 미담으로 남았지만, 다른 방식으로 살필 여지도 있습니다.

주변 사람들의 피드백과 동떨어진 부모의 반응은 어린 자녀의 마음에 혼란을 초래할 수 있습니다. 부모의 인정에 목마르게 될지도 모르고요. 오히려 외모에 대한 집착을 낳거나 자신의 가능성을 과소평가할 수도 있습니다. 물론 이것 역시 하나의 가정입니다. 실제로 해당 배우들이 저 말을 어찌 받아들였는지 알 수 없고, 흥미롭게 살필 여지가 있어 예를 들어본 것입니다.

또 다른 재밌는 일화도 있습니다. 일본의 대배우 키키 키린과 손자의 일화입니다. 키린의 손자는 외모가 남달리 빼어나 주변의 많은 관심과 칭찬을 받았다고 합니다. 노력과 무관하게 타고난 외모를 추켜세우는 것이 좋은 칭찬은 아니지만, 그렇다고 예쁜 걸 예쁘다고 하지 달리 뭐라고 할까요? 아름다움에 대한 인간의 판단은 놀랍도록 본능적이고 보편적입니다. 그런 현실을 부정할 수는 없겠죠. 어느 날 키린은 손자에게 이런 말을 해줬다고 합니다.

"사람들이 다 너 보고 예쁘다, 귀엽다 하지? 하지만 그대로 크면 성격이 나빠져서 친구들이 싫어하니까, 착하게 커야 한다. 그래야지 귀여운 거랑 착한 마음이 합쳐져서 더 좋은 사람이 된다."

이 말은 조금 투박한 면이 있지만, 손자의 현실을 비춰주는 좋은 거울이 되지 않았을까요? 뛰어난 외모를 있는 그대로 인정해주되, 그로 인해 파생될 단점들도 비춰주었죠. 손주를 누구보다 사랑하는 할머니는 예쁜 외모가 칭찬과 함께 질투와 시기를 부를 수도 있음을, 자만을 경계하고 겸손해야 함을 일러주고 싶었을 것입니다.

나아가 이 말은 외모뿐만 아니라 내면 역시 중요하다는 것을 아이의 눈높이에 맞게 일러줍니다. 키린의 무심한 듯 따뜻한 말 속에는 '예쁜 건 좋지만 그게 다는 아니야. 좋은 사람의 기준이 예쁜 것만은 아니란다. 다른 사람을 판단할 때에도 예쁜 게 다가 아니야. 착한 마음은 예쁜 것과 별개로 있을 수 있어'라는 메시지가 담겨 있습니다.

이 말을 들은 손자는 모르긴 몰라도, 아마 안도하지 않았을까요? 그간 자기 외모를 칭찬받을 때면 '내가 예뻐서 좋아하는구나. 못생긴 건 나쁜 거구나. 내가 못생겼다면 사람들이 나를 싫어했겠지' 같은 불안이 있었을지도 모릅니다.

좋은 면이든 나쁜 면이든, 아이의 단면만 비춰주는 것은 위험합니다. 인간으로서 있을 수밖에 없는 아이의 다른 특징들이 부정당하기 때문입니다. 아이의 예쁜 외모를 칭찬하고 이점을 주는 것은, 반대로 아이의 외모가 전과 같지 않으면 나락으로 떨어지게끔 몰아가고 있는 셈입니다. 외모뿐 아니라 특정 분야에서 천재성을 보인 아이들이 지나친 세간의 관심을 견디지 못하고 좌절하는 경우 또한 이에 속합니다. 자신의 뛰어난 특징 외에 감정이나 욕구, 취약성 등 다른 속성들이 충분히 인식되고 소화되어 자신의 일부로 통합되지 못한 것입니다.

대상의 단면만 비추는 거울은 타인을 바라볼 때의 통합적인 시각을 가로막습니다. '예쁜 것은 좋은 것, 못생긴 것은 나쁜 것'이라는 이분법이 내재화되어 타인을 획일화된 관점으로 판단하고, 자신의 기준에 따라 우열을 가리는 데 매진할 뿐, 상대의 다양한 특징을 함께 고려하는 입체적 시각을 키우지 못합니다.

마찬가지로 키린은 단점으로 여겨지는 부분에 대해서도 지혜롭게 이야기해줬다고 합니다. 불안한 기질을 타고난 아이들은 "그렇게 겁이 많아서 이 험한 세상을 어떻게 살려고 그러니!", "누구 닮아서 저렇게 겁이 많은가 몰라!", "쟨 너무 소심해서 걱정이에요." 같은 핀잔이나 염려를 사기 쉽습니다. 부모가 세상살이의 두려움을 스스로 해소하지 못한 경우, 자신의 불안까지 자녀에게 투사하여 더 큰 비난을 퍼붓고 자녀의 가능성을 깎아내립니다. 키린은 은근히 "네 그런 점은 좋은 거야, 조심성이 강하다는 말이니까"라는 식으로 타고난 기질에 입체성을 부여해주었습니다. 모든 것에는 장

단점이 있기 마련이라는 것을, 인간이란 본디 그런 존재이고, 너 또한 예외가 아니라는 것을 알도록 말입니다.

유년기에 찍힌 낙인의 위험성

아이를 규정하는 낙인은 어떤 것이든 아이의 잠재력을 억누릅니다. 세상에서 엄마가 밥 먹으라는 소리가 제일 듣기 싫다는, 섭식장애를 앓는 여성이 있었습니다. 그녀는 체질적으로 입맛이 까다롭고 식욕이 적은 편이었는데, 이와 관련된 엄마의 넋두리가 박힌 못처럼 남아 있었습니다. "너는 젖꼭지도 제대로 못 빨았다", "우유를 조금만 먹으면 토를 해대서 얼마나 속이 썩었는지 모른다."

물론 밥을 잘 먹지 않는 자녀를 둔 엄마의 걱정은 이루 헤아릴 수 없고, 이 푸념에는 자녀에 대한 사랑이 담겨 있습니다. 하지만 이 말들은 딸에 대한 걱정과 사랑을 전하기보다, 자신의 속상함과 힘듦을 토로하는 데 치중돼 있습니다. 이 말에 딸이 기분이 상하고 나아가 죄책감까지 느낄 수 있단 것은, 엄마의 입장에서 상상할 수 없는 일일지도 모릅니다. 하지만 이렇게 말하면서도 딸이 자신의 진의를 알아줄 것이라고 믿는다면, 그만큼 엄마는 딸과 자신을 분리하지 못하고 있는 것입니다.

부모와 자녀 사이에 거리가 없을수록 자녀는 부모에게 큰 영향을 받습니다. 부모가 규정한 '입이 짧고, 편식하는 아이'라는 딱지는 곧 그 아이의 정체성이 되어버립니다. 남들 앞에서 이런 식으로 언급해 무안을 주면 그 효과는 더욱 강력해집니다. 아이는 부모가 이름 붙여준 그런 사람이 되어야 하므로, 먹고 싶은 것이 있어도 그쪽으로 젓가락을 옮기지 못합니다. 성인이 된 자녀는 이제 가리는 음식 없이 고기도 생선도 채소도 먹을 수 있지만, 부모 앞에서는 여전히 깨작깨작 음식을 먹고 항상 소화불량에 시달렸습니다. 어린 시절 각인된 정체성이 내장 기관에까지 깊이 그 흔적을 남긴 것입니다.

　부모가 자신에 대해 단언하던 순간을 떠올리면, 그 말이 자신의 내면세계와 불일치할 때 일었던 파열음을 실감할 수 있을 것입니다. 자신을 둘러싼 공기의 흐름이 멈추고, 깊은 무력감이 내려앉아 그 자리에서 얼어붙고 마는, 그런 느낌 말입니다. 내면의 목소리를 발달시킬 기회가 있었더라면 "아니거든! 내가 항상 그런 건 아니야!"라며 내면세계와 외부의 불일치를 조율할 수 있었을 것입니다. "그래? 엄마가 오해했나 보네. 엄마 생각이랑 어떻게 달라?" 같은 반응을 보이면 불일치의 틈을 더욱 줄일 수 있겠죠. "난 그냥 질긴 음식이 싫은 거야. 푹 익혀만 줘도 좋을 것 같아." 또는 "늦게까지 혼자 남아서 먹는 게 싫단 말이야"와 같이 자신을 대변할 말을 할 수 있을 것입니다. 이러한 상호작용을 거치며 아이는 자신이 어떤 사람인지를 구체화하고, 분화된 정체성을 형성해나갑니다. 자기 자신이 어떤 사람인지 알게 되고, 자신과 타인의 차이를 견딜 수 있게 됩니다.

그리고 이 조율 능력은 아이가 세상을 살아가는 바탕이 됩니다. 세상은 마음 같지 않고 또 통제할 수 있는 것도 많지 않습니다. 그럼에도 우리가 삶을 지탱할 수 있는 원동력은 결정적인 순간에 세상과 연결돼 소통한 기억들 덕입니다.

누구에게나 '건강한 내적 표상'이 필요하다

아이가 자기 내면의 목소리를 찾아내는 과정은 부모의 초기 양육에 많은 영향을 받습니다. 부모의 목소리에 반해 자기 목소리를 스스로 발견해내는 아이는 드뭅니다. 용기를 내어 내뱉은 아이 내면의 목소리에 "어머, 얘는 왜 별것도 아닌 것에 유난이야"라고 반응한다면, 아이의 목소리는 진공으로 흩어져버릴 것입니다. 그렇다고 해서 언제까지 부모 탓을 할 수는 없는 노릇이죠. 공감하라고, 내 마음에 맞춰진 정답을 말하라고 타인에게 강요할 수도 없습니다. 결국 어른이 된다는 것은 곧 자신의 목소리를 스스로 찾아내는 과정일지도 모르겠습니다.

심리상담자는 자신의 목소리를 내기 힘든 내담자가 내면의 목소리를 내도록 도와주는 부모 역할을 일정 부분 수행합니다. 내담자가 상담자에게 품는 환상 중 하나는 상담자가 자신의 말을 100% 이해하고 공감해주는 이상적인 부모가 되어줄 것이라는 기대입니다. 그러나 누구든 현실 세계에 속한 인간인 이상 그러한 기대를 완벽하게 충족시켜줄 수는 없습니다. 건강한 부모와 상담자가 갖추어야 할 자질이란 완벽한 공감이 아니라, 서로의 차이를 인정하고 조율의 실패를 견뎌내는 능력에 가깝습니다.

아무리 사랑하고 서로를 이해하고자 해도 간극은 존재할 수밖에 없으며, 이를 메워주는 에어백은 실물의 형태로 존재하지 않습니다. 내면세계와 외부의 불일치로 발생하는 충격으로부터 자신을 보호해주는 안전장치는 자신과 타인에 대한 '건강한 내적 표상'입니다. 건강한 내적 표상은 입체성과 통합성을 바탕으로 대상의 다양한 측면을 고려할 수 있도록 합니다. 원하던 것이 좌절되었을 때 자기 자신을 구제 불능으로 여기지 않고, 또 상대방에게 악마의 탈을 덧씌우지 않으면서도, 그러한 경험들이 자신에게 미친 영향을 돌아볼 수 있게 해줍니다. 자신이 한심하게 느껴지는 순간에도 긍정적인 면을 함께 떠올리고, 상대가 악해 보일 때에도 한 줌의 연민과 이해를 꺼뜨리지 않는 것입니다.

부모가 되기 위한 마음의 준비

자신을 입체적으로 보게 되면 '만약'으로 시작하는 소망과 후회가 줄어듭니다. '이랬더라면' 같은 조건문에는 자신의 한 부분만 바꿨다면 인생이 달라졌으리라는 환상이 담겨 있습니다. 그러나 자신을 구성하고 있는 딱 그 한 부분만 도려낸 자기는 애초에 존재할 수가 없고, 그 모든 부분과 모든 선택의 순간들이 씨줄과 날줄의 형태로 긴밀하게 직조된 결과가 바로 지금 자신의 모습입니다.

　자신을 온전하게 입체적으로 볼 수 있는 사람은 타인에 대해서도 '만약'의 환상을 덧씌우지 않습니다. '이것만 아니면 정말 좋은 사람이에요', '이것만 고친다면 완벽할 텐데', '부모가 나를 이렇게 대했더라면' 같은 조건문에는 타인을 통합적으로 받아들이기를 거부하는, 비현실적인 소망이 담겨 있습니다. 물론 인간으로서 그러한 소망을 완전히 걷어내는 것은 불가능합니다. 하지만 이것은 결국 내 마음의 산물이며, 자신이 처한 현실에 받아들이기 힘든 결핍이 있음을 명확히 인식해야 합니다.

　가정문으로 구성된 소망을 걷어내고 현실에 발을 붙이고서 살아가는 것, 평범한 삶을 받아들이는 것이 신들이 숨겨놓았다는 인생의 해답일지도 모르겠습니다. 시간 여행을 소재로 인생의 의미를 다루는 많은 영화에서 주인공은 시간 여행을 할 수 있음에도 거쳐왔던 삶을 다시 선택하고, 주어진 운명을 기꺼이 받아들입니다. 살아보지 못한 인생의 갈림길을 다 거친 후에는, 살아보지 못한 삶에 대한 미련마저도 자신이 살아낸 삶의 조각들로 인해 의미가 있었다는 것을 깨닫기 때문입니다.

　하나의 길을 선택함으로써 다른 길은 단념할 수밖에 없듯, 부모로서 우리는 미완의 연속입니다. 자녀에게 어떠한 원망도 사지 않는 완벽한 부모는 될 수 없습니다. 따라서 머지않은 미래에 자신의 귀엽고 사랑스러운 아이들도 발톱을 세우고 "엄마가 뭘 알아!"라며 원망을 늘어놓을 것이며, 우리는 "저 자식이 엄마 마음도 모르고 저러네! 내가 호랑이 새끼를 키웠지." 하며 아이의 철없음을 탓하는 한편, 억장이 무너지는 경험도 하게 되겠죠. 우리는 그 순간을 대비해 부모로서 할 수 있는 마음 준비를 해둬야 합니다. "그래. 미안해! 엄마가 잘 몰랐어. 그렇다고 해서 너를 사랑하는 마음이 사라지는 건 아니야."

　인간으로서 부족함과 한계를 솔직히 인정하면서도 사랑을 잃지 않는 능력이야말로, 가장 평범하고도 위대한 부모의 모습입니다.

같은 배에서 나왔다고 똑같을 리가

~~~

내 부모님 같은 부모가 되기는 싫었어요

"어릴 때 남동생과 비교해 차별당한 설움이 큰데, 둘째를 낳아도 괜찮을까요? 부모도 사람인데, 두 아이 차별 안 하고 잘 키울 수 있을지 걱정입니다." 어느 날 한 인터넷 커뮤니티에 둘째를 낳을지 말지 고민하는 글이 올라왔습니다. 유례없는 저출산 시대, 아이 한 명을 기르는 데에 드는 막대한 물질적, 정신적 지원을 고려한다면 둘째를 낳는다는 것이 쉽지 않은 결정임은 분명합니다. 게다가 어린 시절 부모로부터 상처받은 설움이 있으니, 자신이 부모의 과오를 되풀이하지는 않을지, 자녀들을 한 치의 치우침 없이 공평하게 대할 수 있을지 걱정되는 것도 당연합니다.

혹자는 '애들은 알아서 크게 되어 있다. 전쟁 통에도 애들은 태어나는데 뭘 그렇게 미리 걱정하느냐' 하며 조언합니다. 그러나 말처럼 그렇게 간단한 문제만은 아닙니다. 어쩌면 둘째를 낳을지 말지를 결정하는 것보다 더 중요한 것은 자신이 부모와 맺어왔던 관계의 속성을 되돌아보고, '어떤 부모가 되어야 할지'에 대한 가치관을 정립하고 매일같이 마음을 다잡는 일일 것입니다.

이러한 과정이 생략되면 당장은 괜찮을지도 모릅니다. 하지만 막상 자신이 부모가 되고 나면 어릴 때의 경험들이 고스란히 되살아나곤 합니다. 자신의 자녀에게서 자신의 어린 시절을 보고, 자신에게서 부모의 그림자를 봅니다. 소화되지 않은 경험들은 불쑥불쑥 튀어나와 자신도 모르게 아이를 향해 분출됩니다. '절대 내 부모같이는 되고 싶지 않았는데…'라며 스스로에 대해 자괴감이 밀려옵니다.

첫째는 자랑, 둘째는 사랑?

둘째를 낳을지 말지 고민하는 글에 대한 답변들은 제각각이었습니다. 일부는 이런 고민 자체가 낳고 싶은 마음이 있는 것이니, 낳지 않으면 후회할 것이라고 했습니다. 이미 둘째를 낳아 기르고 있는 사람들은 더욱 적극적으로 둘째 출산을

옹호했습니다. 그들은 둘째를 낳을지 말지 고민 끝에 어렵게 낳거나 예정에 없던 둘째를 얼떨결에 낳게 되었는데, 막상 낳고 보니 너무나 사랑스럽고 안 낳았으면 어쩔 뻔했는지 상상조차 안 된다고 했습니다. 첫째를 낳았을 때는 자신도 부모가 처음인지라 아이가 예쁘다는 것을 느낄 겨를이 없었는데, 둘째는 여유와 인내심을 가지고 대하게 된다고 했습니다. 역시나 '둘째는 사랑이다'라고 덧붙이기도 했죠.

이와 같은 둘째 옹호론자들의 댓글이 달린 이후, 난데없는 댓글 전쟁이 벌어졌습니다. "둘째가 사랑이면, 첫째는 뭐란 말이냐?"라며 첫째로 태어나 억울했던 자들의 성토가 이어졌습니다. 이에 "첫째는 부모의 자랑이죠"라는 댓글이 달리자, 부모의 자랑이 되기 위해 어린 나이부터 책임감과 부담감을 떠안은 채 사느라 힘들었다는 고백이 이어졌습니다. 자신도 아이였을 뿐인데 동생에게 늘 양보해야 했고, 동생을 돌보는 역할까지 떠맡아야 했다는 것이었습니다.

이에 둘째들도 그들 나름의 고충을 토로했는데, 항상 첫째가 쓰던 물건을 물려받고, 교육의 혜택도 첫째만큼 누리지 못했으며, 부모 몰래 손위 형제로부터 맞거나 괴롭힘을 당했다는 호소도 많았습니다. 논쟁이 뜨거워지자 한 명만 낳아서 잘 기르는 것이 정답이라는 여론이 형성되는 듯하다가, 뒤이

어 외동들이 그들 나름의 괴로움을 토로했습니다. 함께 비슷한 시대를 경험하고 고민을 나눌 대상이 없어서 외롭고, 부모님이 돌아가시면 세상천지에 혼자 남겨지는 것 같아 두렵다는 내용이 주었습니다. 게다가 외동이라 철없고 이기적이라는 사회적 편견까지 감당해야 한다고 했죠.

이렇듯 첫째로 태어나든 막내나 외동으로 태어나든 각자 자신의 위치에서 짊어져야 할 비애가 있기 마련입니다. 개인 심리학을 주창한 아들러Alfred Adler는 개인은 사회 내에서 자신의 목표를 달성하기 위해 노력하는 존재로, 열등감을 극복하고 자기완성을 이루는 것이 삶의 목표라고 보았습니다. 즉 열등감은 인간을 동기화하는 가장 큰 원천인 셈인데, 아들러는 이러한 열등감에 출생 순서가 큰 영향을 미친다고 보았습니다. 태어나서 가장 먼저 마주하게 되는 사회인 가정 내에서 자신의 위치를 본능적으로 가늠하고, 자신에게 주어진 것과 결핍된 것이 무엇인지 알게 됩니다. 그 결핍을 채우려고 분투하는 과정에서 인간은 비로소 자신이 누구인지를 깨닫고 성장한다고 보았습니다.

아들러는 출생 순서에 따른 보편적인 성격 특징을 제안했습니다. 대체로 첫째는 둘째가 태어나기까지 온 집안의 관심과 사랑을 독차지하며 왕처럼 지내다가, 동생이 태어나면서 자연스럽게 관심 밖으로 밀려나고, 더 이상 아이처럼 굴지 말고 의젓하게 행동하라는 요구를 받게 됩니다. 이에 맏이는 '폐위된 왕'의 위치에서, 부모의 인정을 받기 위해 고군분투하는 숙명을 지니고 성장합니다.

반면, 둘째는 늘 자기보다 앞서가는 경쟁자를 대상으로 내적인 전쟁을 치러야 합니다. 이에 첫째가 하는 것은 뭐든 따라 하려고 하고, 첫째 손의 장난감은 꼭 빼앗아야 직성이 풀릴 수도 있습니다. 그러다 보니 대체로 둘째가 첫째보다 발달 이정표에 먼저 도달하는 경우가 흔합니다. 둘째는 말이나 글자, 걸음걸이도 첫째에 비해 빨리 떼고, 이유식도 일찍 먹기 시작하며, 큰 야망과 모험심을 지닐 수 있습니다. 한편, 막내는 동생으로부터 자신의 자리를 빼앗길 위협 없이 부모의 귀여움을 독차지하며, 다소 자기중심적이고 천진난만한 성격을 형성하나, 독립심이 부족하고 손위 형제들보다 잘난 것이 없다는 열등감을 느낄 가능성이 있습니다.

심리적 출생 순서는 따로 있다

그러나 실제의 출생 순서보다 중요한 것은 심리적인 출생 순서입니다. 사실 앞서 열거한 특징들은 심리적 첫째, 둘째, 막내에게 더 적합한 설명입니다. 실제 출생 순서와 무관하게 부모는 자녀와의 상호작용 과정에서 자녀에게 특정한 역할을 강조하고, 그것을 강화하는 방향으로 양육할 가능성이 있습니다. 둘째로 태어난 한 여성은 선천성 장애로 몸이 불편한 오빠를 두었는데, 부모로부터 "네가 잘돼서 나중에 오빠를 도와줘야 한다"라는 얘기를 끊임없이 들었습니다.

물론 가족으로서 서로 돕고 의지하는 방법을 가르칠 필요는 있습니다. 하지만 이 부모는 어린 딸에게 자신들의 짐을 나누기에만 급급해 딸의 마음을 돌보지 않았습니다. 그녀가 싫은 내색이라도 하면, "가족이 서로 돕고 사는 게 당연하지, 너는 너무 냉정하고 이기적이야"라는 비난을 쏟았죠. 이에 그녀는 부담감에 짓눌리면서도 부모의 기대에 부응하기 위해 애를 썼고, 때로 아픈 형제를 외면하고 싶을 때면 죄책감에 시달렸습니다. 이 여성의 경우, 실제 출생 순서와 달리 심리적으로 맏이의 정체성을 지닌 셈입니다.

자신이 태어난 가정에서 심리적으로 어떠한 역할을 부여받았는지, 그리고 이에 따른 태도가 삶에 어떤 영향을 미치는지 인식하는 것은 자기 가정을 꾸리는 데에도 무척 중요합니다. 때로는 자신도 모르게 과거의 상처를 자녀에게 투사하며 과도한 감정이입을 하거나, 그릇된 애정을 쏟을 수도 있기 때문입니다.

맏이로써 부모에게 응석 한번 부리지 못해 서러움을 간직하고 있던 여성은 자신이 둘째를 임신하자 첫째에 대한 미안함과 안쓰러움으로 오열했습니다. 첫째도 아직 아기일 뿐인데 곧 동생이 태어나서 사랑을 빼앗기게 되었다며 측은해했죠. 뱃속 아이 때문에 힘들어 첫째에게 짜증을 낸 것이 미안해 온종일 첫째를 업어주다 허리까지 다쳤습니다.

그녀의 마음속에 두 아이는 이미 부모의 사랑과 관심을 나눠야 하는 경쟁 관계로 설정되어 있었습니다. 이러한 신념은 그녀의 어린 시절 경험과 부모로부터 대물림되었을 가능성이 큽니다. 두 아이가 향후 어떤 관계를 맺게 될지 알 수 없으나, 엄마가 자녀를 대할 때 '형제가 있어서 한쪽이 손해 본다'라는 마음으로 대하면, 두 아이 또한 엄마의 태도를 대물림해 서로 질시하고 견제할 가능성이 커집니다.

물론 경쟁하고 다투는 것이 형제 관계의 본질적인 한 측면이긴 하나, 서로 돕고 의지하는 벗으로서의 측면도 분명 있습니다. 때문에 이런 경우는 과거의 상처에 갇혀서 관계의 통합적인 본질을 놓치고 있는 것입니다. 두 자녀가 사이좋게 지내기를 바란다면 '사랑을 나누면 줄어드는 것'이라는 관점보다는, '때로 다투기도 하겠지만 사랑을 나눌 가족이 늘어서 좋은 것'이라는 관점으로 가정을 꾸리는 편이 좋겠습니다.

또한, 첫째에게 느끼는 측은지심은 사실 유년기의 자신에 대한 연민이라는 것을 인식해야 합니다. 본인의 서럽고 억울했던 마음이 투사된 것뿐이지, 임신한 몸으로 아이를 돌보는 게 힘들고, 때로 감정조절이 어려운 것은 잘못이나 미안할 일도 아닙니다. 첫째에게 과도하게 감정이입 하는 것은 어린 시절의 자기와 첫째 아이를 분리하지 못하기 때문입니다. 만일 첫째에게 과하게 화를 내서 미안하다면 아이에게 사정을 설명하고 사과하면 됩니다. 또한, 몸 상태를 고려해서 주변의 도움을 청하고, 적극적으로 일을 조절할 필요도 있습니다. 이는 힘든 상황에서 감정조절의 일시적인 실패이지, 뱃속의 둘째가 사랑과 에너지를 빼앗아 간 게 아닙니다.

감정조절 문제의 책임을 둘째에게 전가하는 것은 감정의 주체인 엄마와 뱃속 아이를 분리하지 못했기 때문입니다. 자녀에게 자신의 서러움을 대물림하지 않기 위해서는 자신의 상처와 설움을 먼저 보듬고, '내 아이들도 나 같은 인생을 살 거야' 하는 생각에서 벗어나 '내가 하기에 따라 우리 아이들은 나와 다르게 살 거야' 하고 마음을 다잡아야 합니다.

자녀는 가족의 부속품이 아니다

이렇게 마음을 다잡고, 부모의 길을 씩씩하게 걸어가고자 할

때, 해결되지 않는 한 가지 질문이 끈질기게 따라올 수 있습니다. '내 부모는 도대체 왜 그랬던 걸까?'

부모가 되면 부모 마음을 이해한다지만, 부모가 되고 보니 더 이해할 수 없는 부모의 심정도 있기 마련입니다. 깨물어서 안 아픈 손가락은 없다지만, 더 아픈 손가락은 있습니다. 마음이 더 쓰이는 자식에게 눈길이라도 한 번 더 주고, 한 푼이라도 더 물려주고 싶은 게 인지상정일지도 모릅니다. 그러나 이 손가락이든 저 손가락이든 다 내 몸의 일부일 뿐이라고 생각하는 부모는 각 손가락 특성에 크게 관심이 없습니다. 그러니 때로 한 손가락을 희생해 다른 손가락을 돌보는 것이 문제가 되지 않습니다.

가족이라는 공동체의 가치에 매몰된 부모는 자녀의 개별적인 특성과 욕구, 감정에 무감각합니다. 그저 가정의 평화가 최우선이고, 그것을 위해서라면 마음이 덜 쓰이는 자녀의 몫을 덜어 다른 자녀에게 주는 것을 당연하게 여깁니다. 그러한 부모일수록 자신이 자녀들을 차별하고 있다는 것을 인지조차 못 할 가능성이 큽니다. 부모 입장에서는 다 똑같은 자식이라는 것입니다. 그러니 "나는 다 똑같이 사랑했을 뿐, 결코 차별한 적이 없다"라고 항변하는 것도 그들 관점에서는 그리 틀린 말이 아닙니다. 가족의 부속품인 두 자녀가 서로 질투하고 미워할 수도 있음을 상상도 못하는 것입니다.

나아가 '가정을 지키고자 하는 부모의 깊은 마음을 내 자녀가 몰라줄 리 없으며, 그것을 몰라주는 것은 배은망덕하고 철딱서니 없는 것'이라고 여길 수도 있습니다. 내게서 비롯된 내 자식이지만, 나와 다른 생각과 감정이 있다는 개념 자체가 없는 것입니다.

자녀의 개별성을 무시하고 가족의 공동체적 가치를 우선하는 부모일수록, 공동체의 질서 유지를 위해 출생 순서를 무기로 삼기 쉽습니다. "첫째니까 양보해야지", "형에게 대들면 안 되지", "맏이니까 씩씩하게 굴어야지. 동생보다 무서워하면 되겠니?"

부모가 자녀에게 자신이 원하는 역할을 부여하고, 다른 자녀와 비교하는 것은 위험합니다. 어릴 때 부모로부터 받았던 차별의 기억은 성인이 되어서도 상처로 남고, 타인과의 상호작용 방식에 큰 영향을 미칩니다. 게임에 지는 것을 못 참는 사람, 추월한 차를 끝까지 쫓아가서 보복하려는 사람, 싫어도 싫다고 말을 못 하는 사람, 둘일 땐 괜찮은데 세 명이 모이면 자신이 소외될까 두려운 사람 등에게서 어린 시절 형제자매 간의 경쟁 이슈를 제대로 해결하지 못한 흔적을 엿볼 수 있습니다.

가정이 각자의 개성을 꽃피우는 정원이기를

자녀를 훈육하고 가정의 질서를 정립하는 데 출생 순서 같은 논리가 끼어들 필요는 없습니다. 출생 순서에 따른 역할 논리는 자녀의 반발심만 키우며, 형제지간의 의가 상하는 주요 원인이 됩니다. 자녀에게 가르쳐야 할 규율과 질서가 있다면, 출생 순서와 무관하게 그 행동의 중요성을 알려주면 됩니다. "너는 형이면서 왜 이렇게 편식하니? 동생 좀 봐라. 얼마나 골고루 잘 먹니?"가 아니라, "음식을 골고루 먹어야 건강해지지"처럼요. 또한, "형처럼 깨끗하게 장난감 정돈해야지"같이 비교 대신 "자기가 가지고 논 장난감은 직접 정리하는 거야"라고 가르치면 됩니다.

자녀에게 무심코 내뱉는 말의 무게를 실감하지 못한다면, 자녀의 입장이 되어볼 필요가 있습니다. 부모는 어린 자녀에게 '다른 애들은 이렇던데…' 서슴없이 비교하곤 합니다. 하지만 어린 자녀에게 부모는 항상 절대적인 존재입니다. 다른 누군가와 비교를 할 수 있는 대상이 아닙니다. 부모가 어떤 사람이건 아이는 절대적으로 부모의 사랑을 필요로 합니다. 만일 자신의 자녀가 "누구 엄마는 이것도 저것도 사주던데, 엄마는 왜 못 사줘요?"라고 말하면 상처받지 않을 부모가 있을까요? 자녀가 이러한 원망을 한다면 "모든 사람이 똑같을 수는 없어. 엄마는 엄마가 할 수 있는 만큼 최선을 다할 거야"라고 항변하지 않을까요?

그 사람은 그 사람이고 나는 나이듯, 자녀들도 첫째, 둘째로 통칭될 수 있는 군체가 아닙니다. 아이들에겐 각자의 특징이 있습니다. 누구든 고유한 존재로서 있는 그대로 존중받고 싶은 욕구가 있습니다. 하물며 가장 가깝운 가족에게 비교와 질시를 당하고 싶은 사람은 아무도 없습니다.

그렇다고 해서 자녀들 간에 항상 기계적인 공평함을 적용하는 것도 능사가 아닙니다. 아이에게는 각자 연령대에 맞는 발달 과정과 타고난 성정에 따른 난관들이 있습니다. 열 살 아이와 다섯 살 아이에게는 각자 다른 생활 규칙과 책임, 그리고 권한이 부여되어야 합니다. 다른 것을 다르게 대하는 것은 차별이 아니라 차이를 인정하는 것이고, 차이를 인정하는 데에서 권위와 질서가 생겨납니다. 그러니 출생 순서라는 틀에 자녀를 가두기보단 각자 어떤 개성을 가진 사람인지 관심을 기울이고, 그 개성을 꽃피울 수 있게 지원해주는 것이 부모의 참된 역할일 것입니다.

태어나고 싶어 태어난 게 아닙니다만

～

"미안하다, 사랑한다."

그 한마디면 충분했을 텐데…. 어렵게 꺼낸 과거의 잘못을
인정하지 않는 부모를 마주할 때, 자녀는 부모도 그저 불완
전한 인간일 뿐임을 깨닫게 됩니다. 마음속에 뜨끔하는 게
있을수록, 자신의 잘못을 가리고 싶은 건 어쩌면 너무나 자
연스러운 반응일지도 모릅니다. "다 너를 위해서였는데, 넌
어떻게 부모 마음도 모르고 그런 말을 하니?"라며, 오히려
부모로부터 비난을 받게 될 가능성이 큽니다. 상처는 내가
받았는데, 죄책감도 내 몫이라니…. 벗어나기 힘든 가족의
무게를 실감하는 순간이죠.

부모가 자신이 원하는 자녀의 모습을 꼭 집어 선택할 수

없듯이, 자녀도 부모를 선택할 수 없습니다. 그래서 하늘이 짝지어준 운명이라 하여 천륜이라고도 합니다. 하늘에서 내린 비가 어느 지점에 떨어질지 알 수 없듯이 말입니다. 부모가 2세 계획을 세울 때까지는 본인의 선택이겠으나, 어떤 아이가 나올지는 그 누구도 모릅니다.

그러나 많은 부모가 안타깝게도 자신이 낳았으니, 자신이 아이에 관해 다 알고 또 아이가 원하는 걸 해줄 수 있다고 착각합니다. 자신이 원하는 대로 자녀가 커 주길 바라고, 나아가서 자녀에게 좋은 것이 무엇인지를 자신의 관점에서 재단하고서는 그 인생을 강요합니다. 혹은 자신과 자녀가 늘 똑같은 입장을 취할 것이라고 철석같이 믿습니다.

자녀의 입장에서 부모의 뜻을 거역하기란 천륜에 반기를 드는 일만큼 무겁게 다가옵니다. 세상에 존재하게 된 근원을 부정하는 것이기에 엄청난 죄책감과 두려움이 따릅니다. 부모에 대한 원망과 미움을 품고 사는 사람들은 스스로에 대한 의심을 떨치기 어렵습니다. '내가 잘못한 게 아닐까?', '내가 세상에 태어나지 말았어야 하는 게 아닐까?', '내가 조금 더 노력했어야 하는 게 아닐까?' 하고 말입니다.

상상 속에 품은 부모의 모습

부모에게 인정받기 위해 들인 노력들은 과연 무엇을 위한 것이었을까요?

어쩌면 그 노력들은 세상에 존재하지 않는 이상적인 부모를 되찾고 싶은 아이의 소망에서 비롯된 것일지도 모릅니다. 부모가 자녀를 자신의 틀 안에 가둬두듯, 독립적인 인간으로서 관계를 맺어본 적 없는 자녀들은 부모의 모습을 객관적으로 보기 어렵습니다. 너무 가까운 거리에서는 대상을 제대로 볼 수 없기 때문입니다. 그저 어느 한쪽의 모습만 들여다본 채, 나머지는 상상의 나래로 채워갑니다. 현실에서 부모의 모습이 불만족스러울수록, 상상 속의 부모는 내가 바라고 꿈꾸던 모습으로 채워집니다. 결핍이 클수록 반대급부를 바라게 되는 것입니다.

그 상상 속에서 부모는 따뜻하고 인자하며, 이상적인 어른의 모습입니다. 실감하지는 못하더라도, 늘 그 이상적인 부모의 상을 마음속에 품은 채 살아갑니다. 길을 가다 넘어져서 무릎이 까졌을 때, 자신도 모르게 엄마를 부를 때가 있죠. 그 엄마는 따뜻하게 다가와 상처에 약을 발라주고, 놀란 마음을 진정시켜주는 상상 속 엄마입니다. 현실 속의 엄마는 "잘하는 짓이다, 칠칠치 못하게 이게 뭐니?"라고 타박을 할지라도 말이죠.

물론 엄마의 타박과 잔소리는 당연히 진심 어린 걱정과 공존할 수 있습니다. 부모와 적절한 상호작용이 이뤄지고 부모에 대한 통합적 표상을 갖추고 있다면, 현실의 엄마가 양쪽 모습을 모두 가지고 있음을 받아들이는 것은 지극히 자연스럽습니다.

그러나 결핍된 상태에서는 이러한 모순을 견디지 못합니다. 현실에서 받지 못한 애정과 관심은 '부모라면 당연히 이래야 하는 게 아닌가? 어떻게 나한테 이럴 수 있지?'라는 보상심리로 자리 잡아 견고한 이상적 기준을 세우는 데 일조합니다. 이상적 기준이 높아질수록 현실의 부모는 내 마음과 괴리가 생깁니다. 나이가 들며 차츰 부모와 물리적, 정서적 거리가 멀어질수록 외면해왔던 부모의 실체는 자연스럽게 모습을 드러냅니다. 내가 부모로부터 받길 원했던 애정과 관심을 결코 받을 수 없다는 사실을 직면하게 되는 순간들이 늘어납니다. 부모는 나름의 방식으로 사랑을 주었겠으나, 그 사랑의 형태는 내가 원했던 형태가 아닙니다. 부모가 자신의 방식이 옳다고 주장하는 것에 정비례하여, 그 자녀도 자신이 원하는 방식만이 정답이라고 믿을 가능성이 큽니다. 자신의 관점에서 밖에 서로를 보지 못하기 때문입니다.

정신적인 고아로 자라나는 아이

"너 때문에 참고 살았다", "너를 낳을 형편이 안 됐는데, 낳아서 이 고생을 했다", "네가 나를 실망시키면, 나는 살 힘이 없다." 이런 말을 들으며 자란 아이가 있었습니다. 그래도 아이는 앙심을 품지 않았습니다. 오히려 부모의 말들을 늘 선의로 해석하려 노력했습니다. '힘든 와중에도 나를 선택할 만큼 내가 소중했다는 뜻일 거야', '힘들어도 나를 사랑하니까 버틴다는 뜻일 거야'라며, 부모의 마음을 헤아리느라 자기 마음에 상처가 나는지도 모르고 꿋꿋하게 컸습니다.

부모가 자기 때문에 고생하는 거라고 믿던 아이는 그 빚을 갚아야 한다는 사명감을 가지고 자랐습니다. 어떻게 해서든 자신이 존재할 만한 가치가 있는 사람임을 증명해야 했습니다. 부모가 더 고생하도록 만들면 안 된다는 생각에, 자기가 더하는 삶의 무게는 깃털처럼 가볍게 느껴지도록 자기를 깎아내고 또 깎아냈습니다. 원하는 것이 있어도 돈이 들까 봐 말하지 않고, 부모를 기쁘게하기 위해 열심히 공부했으며, 힘든 일도 오롯이 혼자서 감당했습니다. 자신도 힘들다는 사실을 털어놓지 못하고 부모의 고생과 푸념을 들으면서도 자식의 마땅한 도리라 생각했습니다. 물리적으로는 부모가 자식을 부양했겠으나, 정신적으로는 자식이 부모를 돌보고 있던 셈입니다.

부모 앞에서 늘 괜찮은 척을 해야 했기에, 그는 부모와 정서적으로는 전혀 가깝다고 느끼지 못했습니다. 어릴 때부터 신세 한탄만 하는 부모를 보며 그는 부모를 믿고 의지할 대상으로 여기지도 못했습니다. 즉 정신적으로는 고아인 채로 성인이 됐고, 이제는 부모도 어느 정도 안정을 찾은 것 같았습니다.

침묵으로 지켜온 가정의 평화

성인이 된 그는 부모를 원망하지 않고자 했습니다. 자신의 침묵으로 가정의 평화가 지켜지고 있었지만, 또한 자기 선택이니 괜찮다고 여겼습니다. 또 마음 한편에는 부모에 대한 실낱같은 기대가 있었습니다. 말을 안 해서 그렇지, 말을 하면 부모님도 자기 마음을 이해해줄 거라고요. 부모라면 마땅히 이럴 것이라는 상상 속의 부모상을 포기하지 못했던 것입니다.

그는 명문대를 졸업하고, 장학금을 받으며 유학길에 올랐습니다. 아들의 성취를 트로피 삼아 삶을 보상받고자 하던 그의 부모는 뿌듯했습니다. 하지만 유학 생활은 생각만큼 쉽게 풀리지 않았습니다. 연구는 답보 상태였고, 지도 교수와의 관계도 틀어져 졸업을 확신할 수 없었습니다. 게다가 건강 상태도 나빠져 허리를 제대로 펴기도 힘들었죠.

그래도 그는 참고 또 참았습니다. 졸업장도 없이 빈손으로 한국에 돌아간다는 것은, 그에게 인생의 패배자가 되는 것과 같았습니다. 결국 우울증이 극에 달해 이렇게 사느니 죽는 게 낫겠다는 결론에 이르렀을 때, 죽기 전에 한 번이라도 마음 가는 대로 살아보자는 마음을 먹게 되었습니다. 그는 학위를 포기하고 한국으로 돌아갈 결심을 했습니다. 그래도 나를 아껴주는 가족과 친구들이 있는 곳으로 가고 싶었던 것입니다.

그는 유학생 커뮤니티에서 학위를 포기했다는 글을 찾아보았습니다. 다행히 생각보다 많은 사람이 중도에 학위를 그만두었지만 세상은 무너지지 않았으며, 새로운 길을 찾아 나름대로 잘 살고 있다는 글도 있었습니다. 그중 엄마와의 에피소드를 털어놓은 글 하나가 유난히 그의 마음을 울렸습니다. 글쓴이가 유학을 그만두고 싶다고 했을 때, 엄마가 들려줬다는 말에 저도 모르게 눈물이 찔끔 났습니다. "괜찮아. 우리 딸 고생한 거 엄마가 잘 알아. 엄마는 항상 너를 믿는다. 언제든 돌아와."

부모의 기대를 내려놓을 수 있는 용기

그는 용기를 냈습니다. 처음으로 부모에게 자신의 어려움을 털어놓기로 한 것입니다. 하지만 그가 더는 견딜 수 없어 자기 이야기를 시작했을 때, 아슬아슬하게 유지되던 가정의 평화와 상상 속의 부모상은 동시에 산산조각이 났습니다.

"조금만 참아라."

"인생 누구나 힘들다."

"그만두고 뭐 할 건데? 사는 게 그렇게 쉽지가 않다."

그의 마음속에서 무언가 툭 하고 끊어지는 소리와 함께, 자신을 지탱해오던 실낱같은 희망이 와르르 무너지는 기분을 느꼈습니다. 그동안 자신이 힘들다고 말을 안 해서 그렇지, 부모님의 사랑을 믿어 의심치 않았던 그였습니다. 그러나 상상 속의 사랑이 지금껏 자신을 짓누르고 있었음을, 자기 삶이 아니라 부모가 원하는 삶을 살기 위해 애쓰고 있었음을 깨달았습니다.

그래도 그는 포기하지 않았습니다. 평소 같았다면 침묵했겠지만, 이번에는 달랐습니다. '이대로라면 마음이 말라 죽겠구나'를 절감하면 궁지에 몰린 쥐가 뱀에게 달려들 용기가

치솟기도 합니다. 그는 마지막까지 단 한마디를 듣고 싶었을 뿐입니다. "괜찮다고, 수고했다고 한마디만 해주면 안 될까요?" 그러나 그 바람은 이루어지지 않았습니다. "나는 네가 잘못될까 봐 그러는 거지!"

　과연 엄마의 말들은 온전히 자식을 위한 것이었을까요? 그도 엄마의 말을 믿고 싶었지만, 결심을 굳히고 한국으로 돌아간 그는 하루하루 엄마의 말이 사실이 아닐 수도 있다는 것을 깨닫게 되었습니다. 그는 지방의 본가로 돌아가 쉬고 싶었으나, 부모는 여기에 있으면 취직하기 힘들다며 서울에 월세방을 얻으라고 했습니다. 그리고 한마디 덧붙였지요. "동네 사람들이 보면 뭐라고 하겠니?"

　아픈 허리를 부여잡고 자취방에 홀로 누워 있던 그는 부모의 통보를 받았습니다. 친척들에게는 휴학하고 잠시 들어온 것이라고 했으니 그런 줄 알라고. 그는 그제야 모른 척했던 진실의 단면을 마주했습니다. '그건 나를 위한 게 아니야. 엄마 자신을 위한 것이지. 그냥 엄마 스스로도 모르고 있을 뿐이야'라고요.

　그가 그렇게도 바랐던, 상상 속의 부모는 현실에 없었습니다. '내가 이랬다면 달라졌을까?', '사정했다면 내 마음을

1. '가족'이라는,

알아챘을까?' 모두 부질없는 가정이었습니다. 부모는 달라지지 않을 것이며, 나이가 들수록 삶의 태도를 바꾸기란 더 어려울 것입니다. 그러니 '부모가 어떻게 그럴 수 있지?'라는 의문도 이제는 접어도 될 것입니다. '그저 그것이 내 부모의 모습이고, 그것이 그들이 가진 한계이다. 그들이 옳다고 믿는 방식으로 사랑했겠지만, 그 사랑이 나를 너무 힘들게 하면 거리를 둬야 한다.'

그 깨달음이 슬프기만 한 것은 아니었습니다. 그는 이제 성인이었습니다. 부모가 없으면 생존을 걱정해야 할 처지도 아니었고, 부모의 관심과 사랑이 절대적으로 필요하지도 않았습니다. 나에게 사랑과 관심을 채워줄 대상이 꼭 부모가 아니어도 된다는 걸, 누구에게 의지하지 않아도 가장 가까운 곳에서, 마음만 먹으면 내가 원하는 걸 줄 수 있는 단 하나의 존재가 있다는 걸 실감했습니다.

"나 참 수고했다. 잘 버텼고, 지금은 좀 쉬어도 괜찮아."

나에게 필요한 것을 스스로 채우기로 마음먹었을 때, 그는 부모의 굴레에서 벗어나 자신의 인생을 살아갈 용기를 얻었습니다.

누구나 인생은 한 번 산다는 걸

~

부모와 의견이 일치하지 않는다면

"부모가 반대하는 결혼, 어떻게 해야 할까요?" 인생의 중요한 기로에서 부모의 반대에 직면해 고민하는 사람들이 있습니다. 사랑하는 사람을 놓을 수도, 부모 가슴에 대못을 박을 수도 없고. 세상에 이보다 가혹한 선택이 있을까 싶은 순간일 것입니다. 부모와 내 뜻이 일치한다면 더할 나위 없이 좋겠지만, 부모의 뜻을 거역하고 내가 선택한 길을 가고자 할 때 엄습하는 죄책감과 불안감은 덮어두기 쉽지 않습니다.

자식 이기는 부모 없고, 세월은 자식의 편이라고 하지만 현실은 꼭 그렇지만도 않습니다. 많은 강성 부모는 자녀가 성인이 된 후에도 자녀를 아이로 여기며 자기 뜻에 굴복시키고자 합니다. 게다가 예전에는 부모가 세상을 떠나며 자연스럽게 부모 콤플렉스에서 벗어나곤 했지만, 평균 수명이 길어진 현대에는 부모가 평생에 걸쳐 자녀 인생에 그림자를 드리우기도 합니다.

비단 연애나 결혼 문제뿐만 아니라 진로 선택에 있어서도 부모의 요구에 따라 자신의 꿈을 접기도 하고, 평생 살아보지 못한 자기 인생을 후회하며 부모를 원망하는 경우도 많습니다. 그런데 차라리, 부모의 뜻에 반해 자신의 꿈을 가져본 적이라도 있으면 다행입니다. "너는 이렇게 살아야 해!", "네가 이런 직업을 가져야 엄마가 행복할 거야"와 같은 메시지를 끊임없이 주입받은 자녀는, 자신이 원하는 게 무엇인지 생각해보지도 못하는 경우가 많습니다. 그저 부모가 하라는 대로 살았고 그것이 정답인 줄로만 알다가, 그 길이 뜻대로 풀리지 않는 때가 오면 그제서야 내 인생이 누구의 것이었나 돌아보게 되지요.

내 인생은 당연히 나를 위한 것이어야 합니다. 그리고 부모의 인생은 당연히 부모 자신을 위한 것이어야 합니다. "너를 위해 내 인생을 희생했다"라고 말하는 부모는 자녀를 선택하고 헌신해서 키우기로 한 것이 자신의 선택이었음을 받아들이지 못하는 것입니다. 자신의 선택을 받아들이지 못하면 억울함이 들고, 억울함이 들면 보답을 바라게 되며, 보답을 받지 못하면 피해의식이 생깁니다. 그래서 이런 말이 나오게 됩니다. "내가 너를 어떻게 키웠는데 이럴 수가 있어?"

엄밀히 말해, 우리는 부모와 자녀의 관계도 남남이라는 당연한 사실을 불편해합니다. 물론 부모 자식은 일촌이라는, 가장 가까운 혈육관계임은 물론입니다. 그러나 여기서 말하는 '남'이란 '나'를 제외한 모든 타인을 의미합니다. 내가 아닌 사람은 모두 타인이고, 부모도 예외는 아닙니다. 부모는 자녀의 도플갱어가 아니고, 자녀는 부모의 분신이 될 수 없습니다. 부모와 자녀는 개별적 인격을 가진 타인이고, 모든 관계는 너와 나라는 개별적 인격 사이에서 상호작용을 거쳐 형성됩니다.

이런 당연한 사실을 망각하고 부모가 자녀를 자신과 동일시할 때, 그 자녀 또한 부모와 자신의 분리에 애를 먹습니다. 그리하여 둘 사이에 의견 충돌이 발생하면, 부모는 "어떻게 네가 이럴 수 있냐"라며 뒷목을 잡겠지만, 자녀는 부모에게 되레 이렇게 반문할 것입니다. "그런 엄마는 나를 사랑한다면서 어떻게 그럴 수 있죠?"

그러나 부모도, 자식도 서로 다른 선택을 할 자유가 있습니다. 성인이 된 자녀는 자신이 선택한 길을 갈 자유가 있고,

부모는 반대할 자유가 있습니다. 부모는 부모의 인생을 살고 자녀는 자녀의 인생을 사는 것이지, 그 누구도 다른 사람의 삶을 대신 살지 못합니다. 누군가 자포자기의 심정으로 "부모님 마음을 돌릴 수 없을 것 같아요. 이번 생은 부모님 원하는 대로 해드리려고요"라고 한다면, 부모가 원하는 대로 사는 것이 진정으로 자신이 원하는 길인지 거듭 숙고해보아야 합니다. 누구에게나 인생은 한 번입니다. 다음은 없습니다. 종교적 신념으로 다음 생을 믿는다고 하더라도, 지금 생의 내 정체성을 유지한 채 이어지는 동일한 삶은 아닐 것이고요.

어느 쪽이든 결국은 나의 선택

그렇다고 해서 부모의 의견을 무시하고 무조건 내가 원하는 대로 해야 옳다는 것은 아닙니다. 때로 부모의 반대가 정말로 합당하고, 인생의 선배로서 예상되는 현실적 어려움에 대해서 진지하게 충고해주는 경우도 있습니다. 이에 대해서는 충분히 생각해보고 현실적인 대책을 마련하거나, 자기 선택의 결과를 감당할 수 있는지 돌아봐야 할 것입니다. 결국 이런저런 고민 끝에 부모의 의견을 따르는 것이 더 낫겠다는 판단이 설 수도 있습니다.

그러나 이러한 경우에도, 부모의 의견은 참고사항일 뿐 최종 선택을 내리는 것은 자기 자신입니다. '부모님 말씀을 들어보니 일리가 있고, 내가 그 길을 선택했을 때 다가올 결과를 받아들이기 힘들 것 같다' 혹은 '부모님 뜻을 따르는 게 내 마음이 편하고 내가 더 행복할 것 같다'라고 자신의 의지로 선택한 결정이라면 어느 쪽이든 괜찮습니다. 자신의 선택에 따른 책임을 감수하고, 자신이 선택한 인생을 살면 됩니다.

"부모님이 당신 말을 안 들으면 죽겠다는데 어쩔 수 없잖아요"라며 부모의 의견을 마지못해 따른다면, 그 선택을 두고두고 후회하고 부모를 원망하며 자기 인생을 살지 못하게 될 가능성이 큽니다. 설사 진짜 부모님이 쓰러질 만큼 충격을 받는다고 해도, 그것은 부모가 감당해야 할 몫이지 누구도 대신 짊어지지 못합니다. 마찬가지로, 그러한 부모의 모습에 드는 죄책감도 그 자녀가 감당해야 할 몫입니다. 단호한 선택과 무거운 책임을 기꺼이 감당하고자 할 때, 자기 인생의 주인으로 살아갈 준비가 된 것입니다.

자기 자신에 대한 확신이 부족하고 부모와 분리가 되지 않은 사람들은 교묘하게 부모의 뜻을 내세워 자신의 불안을 희석하며 선택의 책임을 미루고자 합니다. "결혼하고 싶은 여자의 직업이 마음에 안 든다고 부모님이 반대합니다."

만일 상대에 대한 확신이 있다면 '경제적인 부분은 내가 더 책임지고, 파트너는 가정을 더 충실히 돌보면 된다'라고 의견을 분명하게 밝히면 됩니다. 그러나 자기 확신이 부족한 상태에서 부모의 반대에 부딪히면 부모의 말은 마음속에서 의심을 증폭시킵니다. 어쩐지 내가 손해 보는 것 같고, 힘도 들 것 같고…. 이런 부담감을 짊어진다고 생각하는 만큼 상대에게 더 많은 것을 바라게 됩니다.

그럴 때면 부모의 입을 빌려 "우리 부모님이 당신 직업이 별로라고 마음에 들어 하지 않네"라며 연인과 부모님 사이에 끼인 비극의 주인공으로 남으려고도 할 것이고요. 정작 자신은 자기가 사랑하는 사람에게 "그러게 네가 더 좋은 직업을 가졌다면 이런 일이 없었을 거 아니야"라며 상처를 주면서 말입니다. 자기가 감내하기 힘든 사랑은 부모 때문이 아니더라도 언젠가 균열이 생겼을 것입니다.

자녀에게 건네는 최선의 응원

한 여성은 자신이 남자친구를 사귈 때마다 엄마가 실제로 만나보지도 않았으면서 못마땅해한다고 하소연했습니다. 키가 작다, 인상이 안 좋다, 학벌이 별로다, 궁합이 안 맞는다, 지방에 시댁이 있으면 힘들다 등 반대하는 이유도 다양했습니다. 한 번만이라도 만나보고 나서 판단하라고 해도 엄마는 요지부동이었고, "연애만 해. 결혼은 엄마 마음에 드는 사람이랑 하고"라는 말을 당당하게 했습니다. 딸은 엄마의 태도가 부당하다고 생각하면서도 '엄마가 나를 너무 사랑해서 하는 말이겠지. 엄마 눈에는 내가 제일 아까운 게 당연한 거지. 엄마가 결혼하고 고생을 많이 했으니 나 고생하지 말라고 그러는 거겠지'라며 엄마를 이해하기 위해 노력했습니다. 그리고 최대한 엄마 마음에 드는 남자친구를 골라서 엄마의 합격 판정을 받아내겠노라 다짐했습니다.

딸이 엄마 마음에 드는 사람이랑 결혼하면 과연 누가 좋은 걸까요? 엄마 마음에 드는 사람은 엄마가 좋은 것이지, 딸이 좋을지는 아무도 모릅니다. 엄마는 무슨 천리안이라도 있길래 딸의 미래를 내다보고 '다 너를 위한 거'라고 확신할까요?

가족 사이에서는 너무 쉽게 서로의 경계를 침해하고, 침해하는 쪽이나 침해당하는 쪽이나 그것이 잘못되었다는 인식도 못 하는 경우가 많습니다. 물론 엄마도 자신의 의사를 표현할 자유가 있습니다. 하지만 그런 경우에도 자신과 타자 사이의 경계는 존중해야 합니다. '다 너를 위한 거다'라는 말로 자신의 욕구를 포장하고, 스스로 그렇게 믿으며 경계를 넘는 일은 주의해야 할 것입니다.

1. '가족'이라는,

"엄마보다 너를 위하는 사람이 있겠니? 너는 사람 보는 눈이 없으니 엄마 말만 잘 들으면 돼." 이런 말은 경계를 상실한 반응입니다. 엄마는 자식이 어떤 세상에서 살고 어떤 가치를 추구하는지에 대해 무심합니다. 심지어 자기주장을 관철하기 위해 자식의 가능성을 제한하고, 세상과 타인에 대한 부정적인 신념을 심고 있습니다. 진정 자식을 위한다면 서로 위해줄 수 있는 사람을 만나 좋은 관계를 맺고, 자신에게 어울리는 사람을 알아보는 지혜와 안목을 갖추도록 빌어줘야 합니다. "엄마 생각에는 이런 점이 좀 걱정되는데, 괜찮을지 신중하게 생각해봐", "엄마는 네가 이런 사람과 결혼하면 좋을 것 같아. 엄마 의견도 한번 고려해봐."

이러한 말 속에서 주어는 항상 '엄마'입니다. 엄마의 생각이란 점을 명확히 밝히면서 자신과 자식 사이의 경계를 분명히 합니다. 또한, 선택의 주체는 자식이란 점을 잊지 않습니다. 여기서 살펴야 할 점은 '자식의 선택을 진정으로 존중하는가'입니다. 만일 자식이 자신과 다른 선택을 한다 해도 그 선택을 존중한다면 그 엄마는 진지한 부탁을 한 것이고, 그렇지 않다면 사실 부탁이 아니라 부드러운 강요를 한 셈입니다. 부드럽고 고상하게 말한다고 해서 강요가 부탁이 되지는 않습니다.

부모의 걱정과 우려에도 불구하고 자신의 길을 밀고 나가는 자녀에게 해줄 수 있는 최선의 말은 무엇일까요?

"네가 선택한 길이니 알아서 해라. 나중에 후회해도 난 모른다"라며 선을 긋는 것일까요? "어디 얼마나 잘되나 두고 보자. 부모 말 안 듣고 잘되는 놈 본 적 없다." 하며 악담을 하는 것일까요? 진정 자녀의 행복을 바라고, 자녀가 자신의 인생을 함께 나누며 의지할 수 있는 부모로 남고 싶다면, 부모로서 자신의 걱정과 서운함은 자신의 것으로 잘 갈무리해야 할 것입니다. "네가 선택한 길이 힘들 것 같아 걱정되는 게 사실이야. 하지만 너 자신을 믿고 최선을 다하도록 해. 언제나 너를 응원하고, 네가 실패한다 해도 여전히 너를 사랑할 거야."

부모가 심어준 사랑과 믿음은 자녀가 자신을 긍정하고, 자기 인생을 살아가는 원동력이 됩니다.

애착이라는 이 정서적 유대는

양육자가 아이를 독립되고 동등한 인격체로

대할 때에만 성립합니다.

건강한 애착 관계는 두 사람이 마치 한 몸처럼

살거나 동떨어진 채로 사는 것이 아니라,

너와 내가 마주하며

서로의 마음을 주고받는 관계입니다.

2.

때로는 내가
나를 모르겠습니다

"내가 누구인지 모르겠어요." 내가 어떤 사람인지 모르고 내가 내 삶의 주인이라는 의식이 없을 때, 삶이 외적 조건에 의해 결정되고 감정과 행동을 조절할 수 없다는 느낌을 받곤 합니다. 내가 무엇을 원하고 무엇을 느끼는지 알 수 없고, 감정을 어떻게 조절하고 표현해야 할지 모릅니다. 따라서 정체성에 혼란을 겪는 사람들, 그들이 '나'라는 감각을 되살리기 위해 가장 먼저 들여다봐야 할 것은 바로 감정의 실체입니다.

감정은 자극에 대한 본능적인 반응입니다. 특정 상황에서 자신이 무엇을 어떻게 느끼느냐는 자기 자신에 대한 많은 정보를 함축하고 있습니다. 즉, 감정 경험은 자신의 욕구 상태를 알려주는 가늠자가 됩니다. 기본적으로 욕구가 잘 충족될 때 긍정적인 감정을 느끼고, 그렇지 않을 때 부정적인 감정을 느낍니다. 그러니 감정의 결을 따라가다 보면, 우리는 내가 원하는 것과 원치 않는 것, 나의 진솔한 욕구와 마주하게 됩니다.

감정은 '나'에 관한 중요한 단서임에도 불구하고 우리는 감정에 무디거나 감정을 무시하고, 심지어 혐오하기도 합니다. 특히 집단주의적 가치를 중시하는 동양권 국가에서는 감정의 표출을 미성숙의 지표로 보거나, 감정을 표출해 타인에게 부정적인 영향을 미치는 것을 극도로 꺼립니다. 이러한 사회적 압력은 개인이 자유롭게 감정을 느끼고, 이를 '적절한' 방식으로 표현하는 기술의 습득을 가로막습니다.

감정표현에 있어서 '적절한' 선이 있다는 것은 단지 감정을 있는 대로 몽땅 쏟거나 일방적으로 억누르는 것이 능사가 아니라는 의미입니다. 어떤 자극에 대해 감정을 느끼는 것은 본능적인 반사 반응이지만, 이 표현은 조절되어야 합니다. 그러나 많은 사람이 전자와 후자의 경계를 헷갈립니다. 그래서 우울, 불안, 외로움, 절망감 등의 불쾌한 감정들을 마음속에서 없애고 싶어 심리상담을 받으러 오는 분들이 있습니다. 그러나 이것은 불가능한 목표입니다.

감정은 자연스레 발생합니다. 그래서 없애는 것은 불가능하며, 다만 조절하는 법을 배울 수는 있습니다. 이 대척점에서 감정은 자연 발생하니 몽땅 표출하는 것이 좋고, 이로 인해 불이익을 받거나 타인에게 해를 끼치더라도 그것이 자신의 책임임을 부인하는 사람들도 있습니다. 물론 감정을 느끼는 것은 얼마든지 자유로워야 하며, '내 마음이야!'라고 말할 수도 있습니다. 하지만 자유에는 반드시 책임이 따릅니다. 나에게 내 마음이 있는 것처럼 상대에게도 마음이 있으며, 이 두 마음은 연결되어 있습니다. '적절한' 방식이라는 것은 마음과 마음이 소통 가능한 적정선에서 감정적 표현이 이루어지는 것을 의미합니다.

감정을 몽땅 쏟아붓는 것과, 일방적으로 억누르는 것은 겉보기에 전혀 다른 것처럼 보이지만, 둘 다 근본적으로 외부 세계와의 연결에 실패했다는 공통점이 있습니다. 감정을 날 것으로 마구 분출하는 사람을 볼 때면 그 사람을 이해하려 하기보다 피하고 싶어집니다. 감정을 억누르는 사람을 보면 도대체 무슨 생각을 하는지 알 수가 없고, 다가가기가 어렵죠. 결과적으로 양쪽 모두 타인과의 정서적 교류에 실패하게 됩니다. 사실 두 가지 방식은 동전의 양면처럼 붙어 있는

2. 때로는 내가

데, 감정을 억누르던 사람이 돌변하여 감정을 폭발시키는 경우는 그리 낯설지 않습니다.

내면의 감정이 외부와 연결되고 소통해야 하는데, 그러지 못하니 부정적 정서가 누적되고, 이를 억누르기 위한 심리적 에너지가 점점 더 많이 소모됩니다. 로이 바우마이스터Roy Baumeister가 제안한 자아고갈ege depletion 이론에 따르면, 인간의 의지력은 무한정의 자원이 아닙니다. 자기통제력은 한정된 에너지 자원이고, 한번 자기통제력을 발휘한 이후에는 고갈되기 때문에 이를 유지하기 위해서는 새로운 에너지가 보충되어야 합니다. 그러나 외부와 연결되지 못했다는 것은 외부에서 연료가 공급되지 않는다는 의미입니다. 따라서 지치거나 피곤하거나 안 좋은 일을 겪거나 여타의 이유로 인내심이 한계에 도달하면, 여지없이 폭발해버리고 마는 것입니다.

감정을 억누르다가 폭발시키는 사람은 나름의 정당한 이유와 그동안 쌓여온 울분이 있겠으나, 그것을 지켜보는 다른 사람들은 그 사람의 마음속에서 일어난 일련의 과정을 모두 알지 못합니다. 이런 사람은 자신을 늘 '참는' 사람으로, 평소에는 무던하고 인내심이 강한 사람이라고 인식하는 경향이 있는데, 그러면서 '터뜨린' 주체도 자기 자신이라는 것을 간과합니다. 인내심 강한 나를 끝까지 몰아댄 이례적인 상황이

나 타인이 문제라고 생각하는 것입니다.

한 마음속에서도 지킬 앤 하이드처럼 정서적 경험이 분열되어 있으니, 타인이 그의 마음을 헤아리기는커녕 일관성 있고 신뢰할 수 있는 사람으로 보기도 어렵습니다. 답답함이 쌓여 폭발의 강도가 커질수록, 타인의 마음과 연결되기란 점점 더 요원해집니다. 그러니 밥솥의 김을 빼듯 조금씩 심리적 압력을 낮추고, 감정을 외부로 표현하고 소통함으로써 새로운 연료를 공급받을 수 있도록 정서적 채널을 구축해야 합니다.

이 정서적 채널의 초기 설계 과정을 되짚어본다면, 튼튼하고 탄력성 있는 채널을 구축하기 위한 단초를 마련할 수 있을 것입니다.

1장에서 살펴본 에인스워스의 낯선 상황 실험에서 불안정 애착 유형에 속했던 아이들, 엄마에게서 떨어지지 못하고 끊임없이 징징대며 우는 아이(양가형/집착형)와 엄마에게 무관심하며 정서적 반응을 보이지 않는 아이(회피형/무시형), 유아들의 이러한 정서적 반응은 그들이 자신을 가장 먼저 비춰 보는 거울, 양육자의 스타일에 나름의 방식으로 적응한 결과입니다.

이 아이들은 모두 자신의 감정을 '적절한' 방식으로 표현함으로써, 양육자와 적당한 선에서 연결되는 경험을 하지 못했습니다. 그들의 감정을 비춰주고 반영해주어야 할 거울, 유아의 감정을 이해하고, 그 감정의 기저에 깔린 의도를 알아차리고, 이 감정을 소화할 수 있게 도와야 하는 양육자는 여러모로 정서적 조율에 서툰 것입니다.

그 서툰 방식에 적응하기 위하여, 생존을 위하여, 어떻게든 부모를 잃지 않기 위하여, 아이는 자기만의 활로를 찾습니다. 과도하게 감정을 쏟아내는 아이들의 부모는 비일관적으로 아이의 정서적 요구에 반응합니다. 이에 따라 아이는 부모의 반응을 예측하지 못하게 됩니다. 아이의 필요가 아니라 양육자 자신의 기분에 따라 어떤 때는 과도한 애정을, 또는 무시하는 모습을 보이죠. 아이는 언제 돌아올지 모르는 부모의 애정과 관심을 확인하기 위해 끊임없이 매달립니다. 매달림 끝에 돌아오는 부모의 반응은 늘 감질나면서도 불충분합니다. 아이의 마음에 들어맞는 반응이 아니라, 그 순간 부모가 줄 수 있는 반응이기 때문입니다.

반면, 양육자에게 무관심하고 정서적 반응을 보이지 않는 유아들의 부모는 유아가 필요한 순간에 뒤로 물러나며, 신체적 접촉을 회피하고, 감정표현을 억제하고 무뚝뚝한 경향을 보입니다. 아이는 자신의 감정적 호소가 소용없다는 것을, 부모에게서 필요로하는 위로와 돌봄을 기대할 수 없다는 것을 본능적으로 알아차립니다. 그런 부모에게 화가 나지만 이는 더 큰 거부반응을 불러올 것을 알기에, 그나마 부모가 더 멀리 떠나가지 않도록 다가가지 않습니다.

오래전에 습득한 이 생존 전략은 성인이 되어서도 작동합니다. 거울을 통해 자신의 감정을 확인할 수 없던 아이들은 자기 감정의 실체를 잘 구분하지 못합니다. 슬펐던 것인지, 화가 났던 것인지, 무서웠던 것인지, 설레었던 것인지, 흥분되었던 것인지 모호하고 낯선 감정의 일렁임이 있을 뿐, 그 감정에 꼭 맞는 언어를 찾아내지 못합니다. 감정에 꼭 맞는 이름을 붙이지 못하니 그것을 표현하고 외부와 소통할 적절한 수단을 마련하지도 못합니다.

과도하게 울부짖으며 매달리던 꼬마는 성인이 되어서도 알아듣기 어려운 징징거림과 떼쓰기, 집착 행동으로 자신의 마음을 호소하겠지만, 그 마음은 상대를 달아나게 만듭니다. 과도하게 감정을 억제하고 연결을 포기하던 그 꼬마는, 어른이 되어서도 감정이 마비된 것처럼 무미건조하게 생기 없이 살아가며, 타인의 정서적 신호도 알아차리기 어렵습니다.

낡고 닳은 정서적 채널을 재건하기 위해서는 그때 그 시절에 채우지 못한 정서적 돌봄을 스스로 제공해야 합니다. 내 안의 감정을 느끼고, 그에 맞는 이름을 붙이며, 감정의 기저에 깔린 욕구와 의도를 이해해야 합니다. 나아가 그 욕구와 의도를 현실적으로 해소할 수 있게 외부와 소통하는 작업도 필요합니다.

혈관이 제구실을 못 하면 혈액순환이 원활하지 않아 신체에 병이 듭니다. 이와 같이 정서적 채널이 제구실을 못 하면 정서적 순환이 이루어지지 않아 마음이 병들고 맙니다. 이럴 때면 인간은 마음이 죽은 채로 살아가거나, 부정적인 정서에 압도되어 불쾌감을 분출하고, 때로 이 정서에서 도피하기 위해 자기파괴적인 행동도 합니다. 감정 신호를 계속 무시하면 한계 이상의 무리한 목표를 추구하다가 무력감에 빠지고, 자신의 욕구와 단절된 채 엉뚱한 곳에서 길을 헤맵니다.

이번 장에서는 정서적 소통, 외부와의 연결이 감정의 소용돌이 속에서 우리를 어떻게 구원할 수 있는지 살펴보고, 다양한 정서적 경험이 우리에게 보내는 신호가 무엇인지 알아보겠습니다. 더는 감정의 신호를 놓쳐 인생의 운전대에서 손을 놓지 않도록 말입니다.

이게 다 무슨 소용이람, 공허감

~~~~~~

감정을 말한다고 무엇이 달라지나요?

'마음'이라는 추상적인 개념이 실재하는 곳은 뇌입니다. 뇌는 이성적 사고를 관장하는 기관일 뿐 아니라 감정의 중추이기도 하죠. 하지만 '나는 생각한다, 고로 존재한다'라는 이성주의가 팽배한 세상에서, 감정은 미성숙하고 거추장스러운 것으로 치부되기도 합니다. 이미 태어나기 이전부터 진화적으로 깊게 각인된 감정의 흔적이, 어른이 되어가는 동안 끊임없이 부정당하게 되는 것입니다. 감정적으로 굴지 말라고, 감정을 드러내지 말라고, 긍정적인 감정으로 위장하라는 메시지들이 쏟아집니다. 내 내면세계의 풍경과 맞지 않는 목소리들로 인해, 내 마음이 들어설 자리는 점점 사라져갑니다. 그렇게 억눌린 마음은 어디를 향할까요?

많은 사람이 자기 감정을 표현하고 누군가와 나누는 것을 어색해합니다. 심지어 심리상담을 받기 찾아온 내담자들도 이에 의문을 제기합니다. "말한다고 뭐가 달라지나요?", "문제는 그대로잖아요!" 그들은 분노에 차서 변치 않는 외부에 초점을 두느라, 자기 내면세계의 신호를 놓칩니다. 혹은 감정의 가치를 평가절하하고, 감정적인 사람들을 혐오하기도 합니다.

물론 감정을 말한다고 해서 그 자체로 문제가 해결되지는 않습니다. 하지만 감정은 그 자체로 처리해야 하는 가장 본질적인 문제이며, 삶을 관통하는 핵심적인 영역 중 하나입니다. 어떤 감정을 느끼든 간에 그것을 알아차리고, 이름을 붙이고, 표현하고, 신뢰할 수 있는 누군가와 나누는 일련의 과정들을 충실히 이행해야 합니다. 이러한 처리 과정이 정상적으로 진행되지 않을 때, 곪아 터진 감정들은 몸과 마음을 공격합니다. 감정의 표현이 현실의 문제를 해결하지는 못하지만, 몸과 마음에서 느끼는 위험 신호를 감지하여 더 큰 고통으로 몰아넣는 상황을 방지할 수는 있습니다.

감정을 표현함으로써 심리적 압력이 낮아지면, 외부의 문제들을 해결할 수 있는 여유와 에너지가 생깁니다. 감정을 숨기고 억누르는 데 쓰던 에너지가 남기 때문입니다. 또 감정을 표현해도 되는, 신뢰할 수 있는 누군가가 있다는 것은 삶에 큰 용기를 줍니다. 이 세상에서 나 홀로 분투하는 것이 아니라, 나를 응원하고 지지해주는 이가 있음을 일깨워줍니다. 그래서 감정적으로 누군가와 연결된다는 것은 인간다운 삶의 가장 본질적인 요건이 됩니다. 이러한 연결감이 없을 때, 마음에는 이런 질문이 새겨집니다. '난 왜 사는 걸까?'

공허감을 잊기 위한 발버둥

감정을 잘 알아차리지 못하고, 자신의 감정 경험에 꼭 맞는 언어를 부여하지 못하는 상태를 일컬어 감정표현 불능증 Alexithymia이라고 합니다. 감정표현 불능 상태의 사람들, 감정에 무감각한 사람들의 내면에는 알게 모르게 자신에 대한 부적절한 감정이 자리해 있습니다. 무언가 나는 다른 사람들과 다르게 느껴집니다. 때로는 사람들로부터 너무 냉정하다거나, 너무 이성적이라는 질타를 받습니다. 하지만 그들은 도대체 무엇이 잘못된 것인지 감도 잡기 어렵습니다.

표면적으로 원만한 대인관계를 유지하고 많은 사람에게 환영받는 사람일지라도, 사람들과 감정적으로 깊게 연결되지 못해 자기 행동을 가식적으로 느낄 가능성이 큽니다. 진정으로 타인을 신뢰하고 좋아한다기보다는, 사회생활을 위해서 타인이 좋아할 만한 행동을 하는, 일종의 역할 놀이를 한다고 느낍니다. 그래서 그들은 친절한 행동을 하고도 자기 안의 선의를 의심합니다. '나는 생존을 위해서 그들을 이용하고 있을 뿐이다. 나의 필요에 따라 도구적으로 사람을 사귀고 있을 뿐이다' 같은 차갑고 냉정한 일면이 표출되지 않도록, 자기 자신을 숨기기 위해서 더 친절함을 가장합니다. 혹은 관계 속에서도 녹아들지 못하고, 멀찍이 떨어져서 그 상황을 바라보는 관찰자가 됩니다.

감정을 돌보지 않는 자들이 느끼는 주된 감정은 공허감입니다. 공허감은 그 무엇도 느낄 수 없지만, 실존을 위협할 수 있는 강렬한 감정입니다. 안이 텅 빈, 무엇과도 연결되지 않은, 좋지도 나쁘지도 않은 바로 그 상태에서 벗어나기 위해 때로 사람들은 자신이 사라져버리는 환상을 가지게 됩니다. 또 요즘 시대는 사람들과의 감정적 연결을 차단하는 대신, 공허를 잊게 해주는 많은 수단이 있습니다. 목적 없는 인터넷 서핑을 몇 시간이고 지속하고, 유튜브 알고리즘이 추천해주는 영상을 멍하니 봅니다. 게임 레벨을 높이는 데 빠질 수도 있고, 흥청망청 돈을 쓰거나 감정적 허기를 음식들로 채우기도 합니다. 때로는 술과 약으로 자신을 잊기도 하고, 도덕과 비도덕의 경계를 넘어서는 일탈을 강행합니다. 극단적으로는 자신을 해하기도 하고요.

이 모든 방법이 그다지 건강하지 않고 무의미하다고 생각하는, 매우 생산적이고 자기 절제가 잘되는 일부 사람들은 미친 듯이 일에 몰두합니다. 그들에게는 성취와 성공이 마음의 구멍을 메우는 최고의 수단이 됩니다. 대체로 그들은 사회적으로 유능하고 도전적이며 야망 있는 사람들로, 선망의 대상이 됩니다. 하지만 일을 잠시 중단하면 그 잠깐의 틈으로 밀려오는 거대한 공허감이 전신을 잠식합니다. 그럴 때면 그렇게도 매달렸던 일에서도 슬럼프가 옵니다. 도무지 뭔가를 시작할 엄두가 나지 않습니다. 그렇게나 갈망하고 추구했던 목표들이 무의미하게 느껴집니다. 이 성공은 무엇을 위한 것이었을까요?

인간을 인간답게 하는 것

우리는 대부분 감정을 다루는 법을 제대로 배우지 못했습니다. 또한 감정에 관심을 기울일 만큼의 물리적, 정신적인 여유가 없기도 합니다. 하지만 감정이라는 것은 처리 방법을 모른다고, 시간이 없다고 해서 내버려 둘 수 있는 그런 종류의 사안이 아닙니다. 인간이 감정을 느끼도록 설계된 이상,

감정을 배제하는 삶은 지속 가능하지 않습니다. 나에게 찾아온 감정이라는 까다로운 손님을 무시하고 배척하는 것은 언젠가 큰 대가를 치르기 때문입니다.

'왜 사는 걸까?'란 질문에 답하기 위해서는 감정에 자리를 내어주고, 감정을 돌보기 위해 시간을 들여야 합니다. 감정을 돌본다는 것은 털 카펫을 빗질하는 것과 같습니다. 여러 발길질에 짓밟혀 윤기를 잃고 말라붙은 털 카펫을 손질하면 부드럽고 풍성한 감촉이 살아납니다. 정성스런 돌봄으로 감정의 결이 살아나면, 감정은 우리를 감싸고 지탱하는 온기가 되어줍니다. 곧 살아 있음의 증거가 되고, 삶의 의미가 되어줍니다.

나도 모르게 터져나오는, 짜증

나도 짜증 내는 내가 싫다

이 글을 읽는 여러분은 하루에 몇 번씩 짜증을 느끼나요? 짜증의 사전적 정의는 '마음에 꼭 맞지 아니하여 발칵 역정을 내는 짓, 또는 그런 성미'입니다. 즉, 무언가 내 마음에 들지 않아 못마땅하고 언짢고 신경질이 나는 상태를 일컫습니다.

'내 마음에 꼭 맞지 아니하다'는 짜증의 정의에서는 삶의 고됨이 읽힙니다. 살아가는 동안 내 마음에 꼭 맞아 흡족한 순간은 드물고, 마음과 달라 괴로운 순간은 너무나 많기 때문이죠. 모든 게 내 마음에 쏙 들게 진행되면 더할 나위 없이 좋겠지만, 세상일은 좀처럼 그렇게 돌아가지 않습니다. 내 마음과 꼭 맞지 않는 당신, 내 마음과 꼭 맞지 않는 현실, 내 마음대로 흘려보낼 수 없는 과거, 내 마음대로 쓰이지 않는 미래까지. 짜증 유발자는 다양하고, 세상은 도처에 나를 약 올리려고 사건 사고들을 마련해둔 것만 같습니다.

과도한 짜증은 일련의 정신 질환에서 나타나는 증상일 수 있습니다. 우울증이나 양극성 장애, 생리전증후군, 불안장애 등에서 나타나는 짜증스러움을 성마름irritability이라고 합니다. 이러한 증상은 호르몬 변화 등으로 자극에 대한 역치가 낮아져 쉽게 평정심을 잃고 민감하게 반응하는 일시적 현상입니다. 그러나 정신 질환 증상의 일환이 아니라, 평소 매사에 짜증을 잘 내는 사람들도 있습니다. 만약 너무 사소한 일에도 쉽게 짜증이 나고 짜증이 잘 누그러지지 않는다면, 감정을 처리하는 전반적인 심리적 체계에 문제가 있다는 신호입니다.

짜증을 쉽게 내는 사람은 항상 날이 서 있고, 긴장과 초조, 분노 등의 여러 감정이 뒤섞인, 불안정한 인상을 풍깁니다. 그의 전신에는 사소한 자극에도 곧 폭발할 듯한 언짢음이 서려 있지만, 정작 당사자는 아무리 짜증을 내도 속이 시원하지 않습니다. 자기 감정의 맥락을 스스로 이해하지 못하기 때문입니다. 당사자로서는 참아왔던 불쾌한 감정이 거대한 압력을 뚫고 마음 밖으로 새어 나온 형태가 짜증인데, 평소에 감정을 억누르다 보니 감정의 실체를 파악하기 어렵습니다. 무엇 때문에 짜증이 나는지, 또 어떻게 해야 하는지 감이 잡히지 않고, 불쾌하고 날카로운 감정의 소용돌이에 갇힌 느낌을 받게 됩니다. 부정적인 감정에 휩싸여 있다 보면, 인생도 고통과 불행의 연속처럼 느껴지겠죠.

게다가 사소한 일에 짜증을 내면, 어느새 어디서도 환영받지 못하는 사람이 됩니다. 짜증을 잘 내는 사람 옆에 있으면, 주변에서 괜히 눈치가 보이고 마음을 졸입니다. 또 감정은 전염성이 강합니다. 부정적인 사람 옆에 있다 보면 어느새 자신도 그 불행한 세계의 일부가 되어버립니다. 그러나 무엇보다 짜증 내는 당사자의 마음도 괴롭습니다. 뭔가 마음에 들지 않아 짜증은 나는데, 그렇다고 상황이 바뀌지도 않습니다. 막상 짜증을 내고 나면, '내가 예민해서 주변 사람들을 괴롭히는 것이 아닐까' 하는 자괴감도 듭니다. 그렇다면 도대체 이 짜증의 원인은 무엇일까요?

짜증의 기원

짜증의 사전적 정의에서 알 수 있듯이, 짜증은 '내 마음과 꼭 맞지 않아서', 혹은 '외부에 의해 내 욕구가 제지당한다고 느낄 때' 드는 모호하고 막연한 감정입니다. 일반적으로 유아들은 생후 24~36개월 무렵이 되면 짜증이 늘고, 자주 떼를 씁니다. 이 무렵은 자율성의 욕구가 강해지고, 호기심이 왕성해져서 이것저것 스스로 해보고 싶은 게 많아지는 시기입니다. 그러나 아이를 돌보는 양육자의 입장에서는 아이가 위험에 처할까 봐, 혹은 기다려줄 시간이 없어서, 아이의 어설 픔을 참기 어려워서 등의 이유로 아이의 행동을 제지하게 됩니다. 그러면 아이는 자기 뜻대로 할 수 없어서 짜증이 나지만 언어로 표현하기 어려워 징징거리거나, 물건을 던지거나, 소리를 지르는 등의 행동으로 감정을 표출합니다.

일련의 연구 결과에 의하면 엄마의 통제 성향이 높을수록, 그리고 아이의 감정 상태를 잘 읽지 못할수록 아이들이 짜증을 많이 낸다고 합니다. 우리나라 부모들은 전반적으로 통제적인 편이고, 자신의 감정에 둔감하여 아이의 감정을 읽기 힘든 경우가 많다고 합니다. 이런 경우 양육자는 아이의 감정 경험 자체를 부정하게 됩니다. "화낼 것도 어지간히 없지!", "뭐 그런 걸로 화를 내니? 그건 화낼 일이 아니야." 아이의 감정적 요구에 어찌 반응해야 할지 모르는 양육자는 아이의 정서적 고통을 외면합니다. "엄마보고 어쩌라는 거야!", "그런 건 알아서 해야지."

아이의 감정을 잘 읽지 못한 채로 행동만 제지한다면 더욱 위험합니다. 삐딱한 행동이라도 아이가 감정을 표출한다면 한편으로는 제 나름대로 그 감정을 해소하고 있다는 뜻이기도 하고, 또 아이가 부정적인 상태라는 것을 외부에서 확인할 가능성도 커집니다. 그러나 아이의 그릇된 감정 표출을 강력하게 처벌하거나 어떤 행동을 취할 수도 없을 만큼 억제한다면, 아이의 감정은 소화되지 않은 채 마음에 남아 곪게 됩니다.

감정의 버팀목이 필요해

좋은 양육자는 부정적 감정에 빠진 아이가 감정을 조절할 수 있도록 개입합니다. 아이가 무엇 때문에 짜증을 내고 떼를 쓰는지, 그 기저의 감정을 읽어주고 그것을 아이가 감당할 수 있는 형태로 바꾸어 아이에게 풀어주는 것입니다. 이러한 반영을 통해서 아이는 자기 감정을 이해함과 동시에, 어떤 언어로 감정을 표현해야 하는지 배웁니다. 자신의 내면에서 발생한 감정에 꼭 맞는 언어를 찾아 타인과 연결되는 경험을 하는 것입니다.

좋은 양육자의 개입은 감정적 차원에 그치지 않습니다. 아이가 부정적인 감정을 표출하기 위해 그릇된 행동을 하면 훈육과 동시에 대안도 제시합니다. "엄마를 때리고 싶을 만

큼 화가 났구나, 그렇지? 하지만 때리는 건 잘못됐어. 화가
날 땐 엄마에게 말해.”

　말한다고 뭐가 달라질까요? 아마도 감정을 표현한다고
달라지는 게 없다는, 근본적인 회의가 있다면 이러한 정서적
대화가 낯설고 구차하게 느껴질 수 있습니다. 또 말한 뒤에
벌어질 상황이 잘 그려지지 않을 수도 있습니다. ‘화가 날 땐
엄마에게 말해’, 그 이후엔 과연 어떤 말이 가능할까요?

　경험한 적이 없다면 상상하기도 어렵습니다. 감정에 대
해 비수용적인 환경에서 자란 사람들이 떠올리기 힘든, 사소
하지만 중대한 정서적 반응들은 사실 숱하게 존재하고 있습
니다.

　“화가 날 땐 엄마에게 말해.”
　“기분이 풀릴 때까지 꼭 안아줄게.”
　“기분이 풀리는 방법을 같이 찾아보자.”
　“마음 놓고 때려도 되는 인형을 가져다줄게.”

　이런저런 시도 끝에 아이의 뿔난 마음을 녹여줄 감정의
열쇠를 찾게 될 것입니다. 이도 저도 소용이 없다면, 그 감정
의 소용돌이 속에 홀로 내버려두지 않고 함께 버텨주면 됩니

다. "네가 진정될 때까지 기다릴게."

그 짜증스럽고 어찌할 바 모르는 상태를 달래주는 소중한 타인의 언어와 온기를 체험함으로써, 정체불명의 짜증은 구체적인 이름과 맥락을 부여받고 조금씩 소화할 수 있는 감정이 됩니다.

내 감정에 대한 책임은 나에게 있다

감정을 누군가와 나눔으로써 소화할 수 있다는 신념은 양육자의 표상에 달린 셈이지만, 안타깝게도 양육자 본인도 그러한 신념과 채널을 체득하지 못한 경우가 많습니다. 또 아이의 타고난 기질에 따라 까다로움과 변덕스러움도 천차만별이어서, 아무리 양육자가 긍정적인 시도를 해도 통하지 않는 경우도 있습니다.

그러나 타고난 기질을 송두리째 바꿀 수는 없는 노릇이니, '넌 대체 누구 닮아서 이 모양이니?'라며 아이의 천성을 비난하기보단, 아이가 자신의 타고난 기질을 긍정하고 나름대로 관리하며 살아갈 수 있게끔 그 토양을 제공할 수는 있습니다. 물론 더 많은 인내와 세심함이 필요하지만요.

부모와 자식 간의 인연이 랜덤플레이의 결과라고 했듯, 정서적으로 건강한 부모 아래서 정서적 금수저로 태어나거나, 덜 까다롭고 덜 예민한 기질을 선택해서 태어날 수 있는 사람은 아무도 없습니다. 그럼에도 어린 날의 경험과 양육자와의 상호작용을 되짚어보는 이유는, 좋은 양육자가 제공하는 감정적 돌봄이 무엇인지를 배워 나에게 결핍된 부분을 스스로 채우기 위함입니다.

혼자서 어찌해볼 도리가 없을 땐 전문가에게 도움도 받아봅니다. 마음의 고통을 돌본다는 것이 누군가에게는 사치로 여겨지겠지만, 누군가에게는 생존의 문제일 수 있습니다. 실제로 많은 사람이 정서적 고통 속에서 자신을 죽이거나 죽은 듯이 살아갑니다.

자신의 감정에 대한 책임과 돌봄의 의무를 기꺼이 받아들이기로 했다면, 자신의 마음속에서 벌어지는 감정들을 세심히 관찰해야 합니다. 중요한 것은 짜증이라는 감정이 어린아이처럼 '원하는 것을 적절히 표현할 수 없을 때' 느끼는, 상당히 미분화undifferentiated된 정서라는 점입니다. 일반적으로 내가 무엇 때문에 화가 나는지 구체적으로 인식할 수 없고, 마음에 안 드는 상태를 적절히 표현할 수도 없을 때 치밀어 오르는 감정이 짜증입니다. 그래서 짜증의 원인을 쉽게 다른 사람이나 외부 상황에 돌리게 됩니다. "짜증 나게 하지 마!", "세상이 이 모양이니까!", "아니 왜 이렇게 상식이 없는 거지?"라며 노여움을 가라앉히기 어렵습니다. 그러나 이렇게 외부에서 이유를 찾으려다 보면, 이유를 알아도 뾰족한 수가 없는 경우가 대부분입니다. 타인의 행동이나 주변 상황이 내 마음에 들게끔 절로 바뀌는 일은 없으니까요.

짜증을 많이 내는 사람은 먼저 자신이 감정을 인식하고 표현하는 능력이 그리 좋지 않다는 사실을 인정해야 합니다. 이유가 어찌 됐든, 그러한 기능을 담당하는 정서적 채널이 충분히 발달하지 않은 것입니다. 그리고 짜증이 내 마음의 산물임을 인정해야 합니다. 대부분 이 단계에서 어려움을 느낍니다. 자기 감정에 대한 책임을 받아들이기 두려워서 남을 탓합니다.

하지만 타인의 말과 행동은 자극이 될 수 있을지언정, 내 감정의 원인은 아닙니다. 어디까지나 그 감정을 느끼는 주체는 자기 자신입니다. 게다가 감정에는 누가 옳은지 밝히려는 심판이 그다지 도움 되지 않습니다. 그저 '무엇이 장기적으로 나의 심리적 안녕과 성장에 도움 되는가' 하는 기능주의적 관점으로 접근해야 합니다. 무엇이 더 효과적인지 보자면, 바뀔 가능성이 없는 타인보다는 내 의지로 바꿀 수 있는 자신을 책임자로 임명하는 편이 가장 효과적입니다.

짜증을 다독이는 법

감정에 대한 책임을 인정할 용기를 냈다면, 내가 어떤 상황에서 특히 짜증을 잘 느끼는지 관찰해볼 필요가 있습니다. 흔히 감정에 대한 인식이 부족한 사람들은 '이 상황이라면 누구나 그렇게 느낄 거야'라고 자신의 정당성을 확인하고 싶어 하는데, 사람마다 똑같은 상황에서 얼마나 다르게 반응하는지 알면 대개 정말 놀랍니다. 사람마다 중요하게 여기는 욕구와 가치가 다르기 때문입니다. 따라서 내가 주로 어떤 상황에서 짜증을 느끼는지, 그 상황에서 어떤 감정이나 생각이 들었는지, 그러한 감정과 생각의 기저에 있는 내 욕구가 무엇인지, 또 뭘 원하는지를 잘 들여다보아야 합니다.

지금까지 살면서 자신의 감정과 욕구에 관심을 기울이지 않았고, 이를 표현하기 위한 언어가 빈곤하다면, 인간의 감정과 욕구를 표현하는 일반적인 언어들을 익히고 또 생활에 흩뿌려둬야 합니다. '짜증 나', '화나'처럼 뭉뚱그려진 표현이 아니라, 세밀하고 부드럽게 감정을 표현할 말들을 준비해두는 것입니다.

만일 이러한 언어를 습득하고 다루기 어렵다면, 신체 감각이나 심상 같은 다른 채널을 활용하는 것도 가능합니다. 오늘 내 기분을 거무죽죽한 색으로 표현해볼 수도 있고, 발

랄한 음악으로 표현해볼 수도 있습니다. 내 심정이 가슴에 돌덩어리를 백 개쯤 올려놓은 것 같다면, 그 장면을 상상한 뒤 신체에서 느낄 법한 감각을 음미해봅니다.

핵심은 무엇이 됐든 자신의 감정을 온전히 느끼고, 자신에게 되돌려줄 수단이 필요하단 것입니다. 이를 위해서는 이런저런 방법을 시도해보면서 자신에게 맞는 감정의 채널을 발견하고, 위기 상황에 동원할 수 있게끔 준비해야 합니다.

이러한 과정을 반복하다 보면, 자기 짜증의 고유한 패턴을 발견할 수 있습니다. 이 패턴이 나로부터 비롯된 것임을 인정한다면 짜증의 통제법을 거의 터득한 셈입니다. 꼭 외부의 자극을 찾아서 제거하지 않더라도 내가 무엇 때문에 짜증이 났는지 스스로 이해하고, 내가 원하는 게 무엇인지를 구체적으로 표현할 수 있으면 신기하게도 짜증은 크게 감소합니다. '내 마음에 꼭 맞지 않아서' 불쾌했던 감정이 내 마음에 맞는 언어와 감각을 통해 소화 가능한 형태로 변모했기 때문입니다.

감정에 대한 자기 책임을 인식하고서 속상한 마음을 타인에게 표현하면, 자신이 원하는 것을 얻을 확률이 커집니다. 연인과 함께 주말을 보내고 싶었는데 그러지 못한 상황을 예로 들어보겠습니다. "너 때문에 짜증 나잖아!"라고 상대를 비난하면, 상대는 자신을 보호하기 위해 방어적인 자세를 취하게 됩니다. "내가 뭘 그렇게 잘못했는데?"라 하겠죠. 반면, "너와 함께 있고 싶었는데 그러지 못해서 서운해"라고 자신의 욕구와 감정을 솔직하게 말하면 상대의 마음도 부드러워져서 열린 자세로 대화하게 될 겁니다.

물론 타인의 선의에 기대 원하는 결과로 이어지길 마냥 기다릴 수만은 없습니다. 부정적인 감정의 기저에 놓인 좌절된 욕구를 인식한 뒤에는 나의 욕구를 충족시키기 위한 자발적이고 적극적인 행동이 뒤따라야 합니다. "다음 주말에는 함께 더 많은 시간을 보내고 싶어"라고 원하는 바를 분명히 말할 수 있어야 합니다. 물론 나의 요구가 거절당할 수도 있지만, 나와 타인의 간극을 확실히 체감하고 나면 내가 무엇을 해야 할지가 뚜렷해집니다. 자발적인 행동의 결과가 비록 내가 원하는 대로 이루어지지 않더라도, 내 몫을 해냄으로써 놓아줄 수 있게 되는 것입니다.

감정을 소화한 뒤에 남는 것이 '당신도 어쩔 수 없었구나', '나도 어쩔 수 없었구나' 같은, 내 현실의 한계에 대한 인정일 수도 있습니다. 그러나 내 마음의 실체를 충분히 알아차리고, 내 감정을 돌보기 위해 최선을 다했다면, 고여 있던 감정의 응어리도 나아갈 방향을 찾아 다음 단계로 흘러가게 될 것입니다. 나의 마음과 꼭 맞아떨어지지 않더라도 내 마음을 존중하고 귀 기울여주는 대상과 환경에 감사할 것이며, 내 마음과 어긋날 수밖에 없고 그 충돌이 상처를 더한다면 그 대상과 환경에 적당히 거리를 두게 될 것입니다.

도대체 나를 멈출 수 없어, 중독

중독으로의 초대

아무것도 하지 않은 채, 오롯하게 홀로 가만히 남겨진 고요한 상태를 상상해봅시다. 폴란드 출신의 사회학자 지그문트 바우만Zygmunt Bauman은 현대사회의 특징을 '고독을 잃어버린 시간'으로 정의했습니다. 자극이 넘치는 주변 환경에서 우리들은 일상적으로 중독을 경험합니다. 잠깐의 여유라도 생길라치면, 일상의 지루함과 괴로움을 잊도록 해주는 흥밋거리를 찾아 서성이죠. 술, 담배, 커피, 수면제, 마약 같은 물질 중독부터 도박, 섹스, 게임, 쇼핑, 폭식, 스마트폰 등의 행위 중독까지. 과학기술의 발달은 과거에는 없던 새로운 형태의 중독을 양산하고 있습니다. 아마도 우리 대부분은 넓은 의미에서 적어도 한 방식으로는 중독이 돼 있을 것입니다.

　세상은 한 치 앞을 예상하기 힘들 만큼 빠르게 변하고 있습니다. 믿고 따라야 할 가치와 시대정신이 희박해졌고, 불확실성과 모호성이 그 자리를 채우고 있습니다. 과학기술의 발전에 힘입어 물리적 이동의 범위가 확장되고 소통의 기회가 증가하는 만큼, 우리의 정신을 굳건하게 붙들어둘 수 있는 대상과 공간은 사라져갑니다. 뿌리도 정처도 없이 떠돌고 있는 느낌, 그 부유감이 우리의 심리적 기저에 깔린 불안의 근원일지도 모릅니다.

　자본주의 시대의 시대정신이라면, 돈이 곧 법이요, 진리일 것입니다. 돈이 없어 괴롭고, 돈 때문에 터지는 비참한 일이 너무나 많습니다. '돈만 있으면 이 고통이 사라질 텐데', '이렇게 구차하게 살지 않아도 될 텐데', '마음에는 여유가 넘쳐서 나도 좋은 사람이 될 텐데' 같은 소망충족적인 환상을 누구나 마음 한편에 간직하고 있을 것입니다.

　돈이 궁할 땐 돈만 있으면 다 될 것 같고, 생계와 안전이 보장되어야 그 너머의 무언가를 생각할 여유가 생기는 건 사실입니다. 그러나 때로 우리는 돈이 결정적 요인이 아닐 때도 습관처럼 돈에서 그 이유를 찾으려 하기도 합니다. '돈만 있으면 내가 하고 싶은 대로 다 하고 살 텐데!'

하지만 그토록 간절히 하고 싶은 것이라면 돈이 부족해도 다른 방법을 모색해봤을 것입니다. 어떠한 시도 없이 한탄만 하고 있다면 사실은 정말 하고 싶은 일이 아닐 수 있습니다. 더 나아가서는 사실 하고 싶은 게 무엇인지조차도 모를 수 있습니다. 무언가를 하고 싶다기보다는, 삶에 수반되는 필연적인 고통을 피하고 싶을 때, '이게 다 돈이 없어서야', '내가 못생겼기 때문이야'같이, 뚜렷하게 눈에 보이는 물리적 요소에서 이유를 찾기도 합니다.

인간을 살아가게 하는 가치들, 인간을 인간답게 하는 요소 중에는 돈으로 해결되지 않는 것들이 분명히 있습니다. 하지만 그것이 무엇인지 감도 잡을 수 없을 때, 내 인생에 빠진 무언가 깊은 공허의 흔적을 어렴풋이 느낄 때, 중독은 그런 순간에 우리의 마음속을 파고듭니다.

중독과 몰입의 차이

단순히 어떤 물질이나 활동을 선호한다고 해서 모두 중독인 것은 아닙니다. 정신 질환으로서 중독은 다음의 네 가지 특성이 있습니다. 첫 번째는 갈망craving, 중독 관련 행동을 하기 전에 이를 실행하고픈 강렬한 충동. 두 번째는 자제력 상실loss of control, 스스로 중독 관련 행동을 통제할 수 없음. 세 번째는 내성tolerance, 종전과 동일한 수준의 만족을 얻기 위해 더 강한 자극을 필요로 함. 네 번째는 금단withdrawal, 중독 관련 행동을 중단했을 시 찾아오는 견디기 어려운 고통입니다. 즉 중독이란 생활의 균형을 깨뜨릴 정도로 심각하게 빠져서 중독 대상에만 매달린 채 현실을 망치는 상태를 의미합니다. 게임에 빠진 청소년이 게임 중독자가 아니라 프로게이머가 되려면, 게임뿐 아니라 현실에서도 발을 딛고 있어야 합니다. 의지하고 소통할 수 있는 부모, 함께하는 친구, 게임을 통해 무언가가 되겠다는 목표 의식, 대회에 출전하고 프로 구단에 지원서를 쓸 정도의 현실 감각 등이 있어야 합니다.

이러한 점에서 중독과 건강한 몰입은 구분됩니다. 중독은 일상의 균형을 깨뜨리고 현실에서 고립되어 자기를 축소시킵니다. 일반적으로 중독은 고통스러운 자기와 현실을 잊기 위한 도피의 방편으로 이용됩니다. 반면 긍정적 몰입은 어떤 대상에 집중함으로써 외부 세계와 연결되고, 자기를 확장시킵니다. 게임 중독에 빠진 청소년과 게임에서 자기 적성을 발견한 청소년의 내면은 질적으로 큰 차이가 있습니다. 이러한 차이는 현실을 지각하는 자아 강도와 자기 조절 능력의 차이에 기인합니다. 중독에 취약한 사람들은 자신의 감정, 생각, 행동, 인간관계 등을 자발적인 의지로 조절하기 어렵습니다. 스스로 일상의 고통을 감내하고 위안을 얻지 못할 때, 중독 대상에 매달리게 됩니다.

때로는 중독의 대상과 행위가 삶의 다른 고통과 과업을 회피하는 수단이 됩니다. 십여 년간 알코올 의존증을 앓아온 여성의 인생에는 술만 남았습니다. 그녀가 처음 술을 마신 주된 이유는 잠이 오지 않아서였는데, 잠이 오지 않아 술을 마시다 보니 구토를 하게 되고, 속이 안 좋아서 끼니를 거르다 보니 절로 다이어트가 되었습니다. '오늘은 술을 마시지 말아야지' 다짐하고 정신이 멀쩡할 동안은 인터넷으로 금주 관련 정보를 찾느라 시간을 쏟았습니다. 그녀는 알코올 의존증과 식이장애에 관해서라면 전문가에 준하는 지식을 갖췄지만, 결국 그녀의 일상은 술이 지배하고 있었습니다.

곧 그녀와 함께하는 상담 시간도 술로 가득 차게 되었습니다. 지난 한 주 동안 술을 얼마나 마셨는지, 어떻게 하면 술을 끊을 수 있을지, 술 때문에 무슨 계획을 실행할 수 없었는지, "제가 참 한심하죠. 다시 금주에 도전해볼게요" 등 술과 관계된 이야기로 점철되었습니다. 어느 날, "오늘은 우리 술 말고 다른 이야기를 한번 해봐요. 술을 떼놓고 당신이 어떤 사람인지 궁금하네요"라고 하자, 그녀는 쉽게 말을 잇지 못했습니다. "글쎄요, 술 말고는 딱히 할 얘기가 없는 것 같은데…."

현실에서 벗어나기 위해 술을 마시는 동안, 중독의 대상이 곧 그녀 자신이 되어버린 것입니다. 의도적으로 당분간 상담에서 술과 관련된 주제를 다루지 않기로 약속한 뒤, 그녀는 자신의 다른 부분들에도 의식적으로 주의를 기울였습니다. 그러자 그녀가 소외시킨 자기 이야기를 하게 됐습니다.

중독은 자신을 방치하고 파괴하는 자기 패배적인 행동인 동시에, 유일하게 통제할 수 있는 대상에 강박적으로 매달리는 일종의 통제 행위이기도 합니다. 세상 무엇도 내 마음대로 되는 게 없다는 무력감, 통제 불가에 대한 좌절감, 혹은 권위적인 대상과의 관계에서 자율성이 없을 때면 내 마음대로 할 수 있는 게임, 내 마음대로 고를 수 있는 쇼핑, 내 마음대로 조절할 수 있는 체중에 매달립니다.

장기적인 관점에서 불행한 결과가 확정됐단 걸 알면서도, '내가 예측할 수 있는 미래', '내 마음대로 망칠 수 있는 나'만큼은 놓을 수가 없습니다. 결국 자기 자신을 걸고, 망할 수밖에 없는 도박을 지속하는 셈입니다.

중독의 관계성

중독의 신경생리학적 원인은 도파민 과다로 알려져 있습니다. 중독을 일으키는 물질과 행위는 도파민 분비를 촉진하고, 기쁨과 흥분을 유발합니다. 그러나 처음에는 짜릿한 기쁨과 흥분 때문이더라도, 중독된 뇌는 강박 장애와 유사한 방식으로 활성화됩니다. 중독의 대상이 더 이상 기쁨과 흥분을 제공하지 않더라도, 실행하지 않으면 안 될 것 같은 내적인 긴장과 압박을 느끼는 것입니다. 따라서 처음 시작은 나의 의지와 선택이었더라도, 중독에 빠지게 되면 자신의 의지만으로 빠져나올 수 없습니다.

따라서 중독을 이해하려면 그것을 둘러싼 관계성을 반드시 이해해야 합니다. 심리적인 차원에서 보는 중독이란 자기 조절 능력의 결여입니다. 자기 조절 능력은 저절로 획득되는 것이 아닙니다. 생애 초기 단계의 아기는 혼자서 자신의 의지대로 행동과 감정을 조절하지 못합니다. 갓난아기는 졸린 눈을 하고도 혼자 잠들지 못해 잠투정을 합니다. 엄마는 아기를 어르고 달래서 진정시킨 다음, 곤히 잠들 때까지 아기를 토닥입니다. 그러한 손길을 통해 아기는 자신의 불쾌한 감정을 추스르는 법을 익힙니다. 어쩌면 이 불완전한 존재가 어엿한 인간이 되기까지, 거저 얻어지는 것은 하나도 없을지 모릅니다.

애착 이론에 따르면, 유아는 혼자서 자기 정서를 조절할 수 없습니다. 유아는 자신의 감정을 반영해주고 담아내는 타인을 필요로 합니다. 안정적인 애착 관계를 경험한 개인은 삶에서 발생하는 고통이 자연스럽고, 또한 그것이 관계 속에서 달래질 수 있음을 학습합니다. 이는 감정과 기억의 저장소인 변연계에 각인되어, 평생에 걸쳐 지속되는 환경적 지원에 대한 감각을 남깁니다.

세상과의 연결되어 있음을 체감하면, 때로 고독할지언정 외로움에 잠식되지 않습니다. 물론 존재론적으로 인간이 결국 혼자인 것은 맞지만, 결정적인 순간에는 세상에 도움을 구할 수 있다는 믿음이 있는 셈입니다. 그리고 이 믿음은 중독에 대한 보호 장치가 됩니다.

안정적인 애착 관계 내에서 타인에 대한 신뢰와 자신에 대한 긍정적 표상을 형성한 사람들은 안정 애착 유형으로 분류됩니다. 이 유형은 대인관계를 편안하게 느끼고, 자신의 욕구에 따라 자연스럽게 타인과의 거리를 조절합니다. 또 자신을 둘러싼 환경에서 자신이 원하는 것을 얻는 데 능숙합니다. 그러나 안정 애착이 무조건적인 허용과 전폭적인 지지를 의미하는 것은 아닙니다. 안정 애착은 적절한 훈육과 돌봄의 균형을 통해 형성됩니다.

지나치게 허용적인 환경에서 자란 사람은 좌절을 감내하는 능력이 형성되지 않아 충동을 조절하기 어렵습니다. 반대

2. 때로는 내가

로 지나치게 냉담하고 엄격한 환경에서 자란 사람들도 충동적인 사람들만큼이나 중독에 취약합니다. 이들은 자신의 감정과 생각을 지나치게 억제하고, 자신을 편안하게 놓아주는 방법을 모릅니다. 스스로를 옥죄는 압박감에서 벗어나기 위해 중독에 빠집니다.

나의 일부만 보여주고 싶은 욕망

안정적인 애착 관계에서 얻어지는 또 하나의 중요한 심리적 자산은 자기가 어떤 사람인지에 대한 통합적인 감각입니다. 자신을 반영해주는 안정적인 대상을 통해 자신이 어떤 사람인지를 알게 되는 것이지요. 바로 이 통합성에 대한 감각, 자신의 다양한 측면을 있는 그대로 나의 일부로 받아들일 수 있는 역량이 자신의 삶을 주체적으로 꾸리는 원동력이 됩니다. 이러한 통합성이 결여된 채, 파편화된 자기가 난무하는 예시로 SNS를 들 수 있습니다. SNS가 새로운 행위 중독의 일종으로 떠오르게 된 데에는, 매체의 파편성이 기여한 바가 큽니다.

인플루언서가 자기 일상을 공개하면 추종자들이 '좋아요'와 댓글로 화답합니다. 이들이 착용한 옷, 사용하는 제품, 방문한 장소 등은 연일 화제가 되고, 이들의 유명세로 광고 효과를 누리려는 업체들이 등장하면서 SNS는 새로운 수익 창출의 시장이 됐습니다. 더 많은 사람의 관심을 받을수록 더 많은 돈을 벌 수 있고, 더 많은 사람을 매료하는 '화려한 삶'을 보여줄 수 있습니다. 이러한 연쇄 고리에서 그들은 자신이 원하는 모습만 취사 선택해 SNS에 올립니다.

미국의 임상심리학자 수재나 E. 플로레스Suzana E. Flores는 자기 편집의 위험성을 경고합니다. 가장 잘 나온 셀카를 고르고 고른 뒤, 공들여 포토샵을 해서 완성한 완벽한 외모, 슈퍼카를 타고 으리으리한 호텔과 여행을 즐기는 모습만이 그 사람의 전부는 아닙니다. 그러나 그러한 자신의 모습만을 끊임없이 선택해서 노출하는 당사자도, 그것을 바라보는 대중들도 그것이 전부인 양 믿게 됩니다. 그 과정에서 인간으로서 당연히 가지는 한계와 취약점, 부정적인 경험들은 무대의 뒷면으로 밀려납니다. SNS 상의 주인공은 화려한 자기 모습을 유지해야 한다는 강박에 사로잡히고, 그것을 바라보는 대중은 상대적으로 보잘것없는 자신에 비참함을 느낍니다.

이렇듯 SNS의 가장 큰 잠재적 위험은 인격의 파편화입니다. 우리는 언제 내가 괜찮은 사람이고, 사랑받고 있다고 느낄까요? 아마도 자신이 부족하게 느껴질 때, 힘들고 아플 때, 그럼에도 불구하고 곁을 지켜주는 타인의 존재를 통해서 자

2. 때로는 내가

신의 가치를 확인할 것입니다. 내가 잘나고 완벽해서가 아니라, 조금 못나고 부족해도 괜찮다고 느껴질 때야 비로소 자기를 사랑할 수 있고, 또한 같은 시각으로 타인을 사랑할 수 있습니다. 그러나 SNS에서 멋지게 편집된 자신의 일부가 추앙받는 동안, 잘려나간 모습들은 자신의 일부로 통합되지 못한 채 알 수 없는 불안과 공허감을 유발합니다. 그리고 그것을 잊기 위해, 또 다른 중독 대상을 찾아 부유하게 됩니다.

중독을 이기는 사소한 감각

중독을 멈추기란 쉽지 않습니다. 현재 중독된 어떤 대상보다 더 큰 보상을 제공하는 무언가를 찾지 못하는 한, 중독은 여러 대상을 전전하며 지속됩니다. 결국, 고립된 내면에서 걸어 나와 현실 세계와 연결될 때에야 의미 있는 관계가 복구되고, 관계 내에서 발생한 갈등을 관계 내에서 해결할 수 있을 때 중독을 극복할 수 있습니다.

이는 혼자만의 의지로는 어렵습니다. 일반적으로 가족 구성원이나 가까운 사람 중에 중독자가 있으면, 이들이 초래하는 고통이 너무 큰 나머지, 이들에 대한 온정적인 시선을 유지하기가 어렵습니다. 그러나 회복을 위한 첫 단추가 끼워져야 할 지점은 비교적 명백합니다. 이들이 세상과 얼마나 단절되어 있는지를 떠올리는 것입니다. 어쩌면 그들을 세상 밖으로 끌어내고 '내 마음대로 망칠 수 있는 나'를 놓을 수 있게 만드는 단 하나의 의미나 존재가 필요한 것인지도 모릅니다.

세상이 늘 내 편은 아니고 늘 내 손을 잡아줄 누군가가 있지는 않더라도, 결정적인 순간에는 세상에서 구원받았다는 감각이 우리를 살아 있게 하고, 또 그 감각을 다른 누군가에게 나눌 수 있게 할 것입니다.

그 구원의 감각은 생각보다 거창하거나 대단하지 않을 수도 있습니다. 저는 대학에 진학하며 혼자 살게 되었습니다. 어느 날, 휴대전화가 고장 나서 사람들과 연락이 끊겼지요. 그렇게 며칠이 지나고, 약속도 없이 한 친구가 무작정 제 자취방을 찾아왔습니다. 느닷없는 친구의 방문에 당황스러운 표정을 짓고 있었는데, "연락이 안 돼서 무슨 일 있나 하고!" 말하던 친구의 얼굴은 아직도 생생합니다.

십수 년이 지난 지금까지 그때의 기억이 선명한 이유는, 당시 제 마음속에 '내가 없어도 세상은 잘만 돌아갈 텐데'라는 불신과 단절감 때문이었겠지요. 각박한 세상이지만 그래도 나를 진심으로 걱정해주고 발걸음을 마다하지 않는 이가 있다는 그 구체적이고 실제적인 감각, 세상과 연결되어 있다는 감각은 그 후로 오래도록 제 뇌리에 남아서, 위기의 순간

마다 저를 지탱해주는 믿음의 한 조각이 되었습니다.

　살아가면서 그러한 조각들을 찾고 또 간직하는 것, 그리고 그러한 경험들을 누군가에게 또 되돌려주는 것이야말로 우리의 삶을 구원하는 감각일 것입니다.

더 격렬하게 아무것도 하고 싶지 않아, 무력감

무기력의 악순환

할 일은 많은데 손가락 하나 꼼짝하기 싫다 싶은 마음처럼, 유례없는 코로나 팬데믹을 겪으며 집 안에서 혼자 있는 시간이 늘어나다 보니 무기력과 우울감을 호소하는 사람이 많습니다. 이 시국이 장기화되면서, 아무리 깨끗이 손을 씻고 착실히 마스크를 써도 개인이 어찌할 수 있는 일이 아니라는 실감도 하게 되었고요.

세상에는 이렇게 늘 어쩔 수 없는 일이 시시각각 벌어지고, 나의 의지와 관계없이 새로운 변화에 적응해야 하는 임무가 주어집니다. 원하든 원치 않든, 사람들과의 대면은 줄고, 재택근무나 온라인 강의를 듣는 상황이 늘었습니다. 외부의 강제가 줄고 온전히 자신의 하루를 보내면 자유가 넘쳐 흐를 줄 알았건만, 일만 계속 밀리는 느낌입니다. 오늘 걷지 않으면 내일 뛰어야 하고, 내일 뛰지 않으면 그다음 날은 날아야 하는데, 내가 인간인 이상 날지 못할 것은 분명합니다. 시작하기도 전에 이미 망한 느낌입니다.

그쯤 되면 물먹은 솜처럼 온몸이 축 늘어져서, 무엇을 시작할 엄두도 내지 못합니다. 그래도 먹고 살아야 하니 할 일을 완전히 내팽개치지는 않고, 최소한의 일은 꾸역꾸역 하고 있을지도 모릅니다. 시험을 준비하는 수험생이거나 취업준비생이라면, 집중 못 하는 상태에서 책상 자리만 지키고 앉아 허송세월하는 셈입니다. 집에 돌아오면 그대로 뻗어버리기 일쑤이고, 주말에도 다른 사람을 만나거나 밀린 집안일을 시작하지 못합니다. 스마트폰으로 유튜브 동영상만 보면서 하루를 다 보낼 수도 있죠.

이런 고민을 털어놓으면 대부분 '운동하라'라는 조언을 듣게 됩니다. 운동의 필요성은 본인도 너무나 잘 알지만 기운이 없으니 운동도 못 하고, 그래서 체력이 더 떨어져 꼼짝하지 못합니다. 헬스장에 가서 다른 사람들이 열심히 하는 것을 보면 의욕이 생길 텐데, 집에서 혼자 하려니 있던 의욕도 사라집니다. 게다가 운동을 꼭 해야 한다는 그 생각은 강박이 되어 다시금 자기를 괴롭힙니다. 운동도 안 하고 이러고 있는 나 자신을 용서할 수 없습니다. 너무나 게으르고 한심합니다. 딱히 인생을 불태운 것 같지도 않은데, 이 무기력은 도대체 어디서 오는 것일까?

삶이 원하는 대로 흘러가지 않는다는 신호

무슨 짓을 해도 전기충격을 피할 수 없는 상황에 놓인 실험실의 개들은 고통스러운 전기충격에도 별다른 저항을 하지 않고 무기력한 모습을 보입니다. 물론 이 개들도 처음부터 무기력했던 것은 아닙니다. 전기충격을 피해보고자 작은 상자 안에서 이런저런 시도를 했습니다. 그러나 어떻게 해도 전기충격을 피할 수 없다는 걸 알게 되자, 고통스러운 현실에 순응했습니다. 그 개들은 그다음 단계에서 손쉽게 전기충격을 피할 수 있는 상자로 옮겨졌습니다. 그러나 이미 무기력을 학습한 개들은 도망갈 생각을 하지 못하고, 전기충격이 주어지자 제자리에 가만히 웅크린 채 고통의 시간이 지나가길 기다릴 뿐이었습니다.

일찍이 미국의 심리학자 마틴 셀리그만Martin Seligman은 이 실험에서 깊은 통찰을 얻었습니다. 피하거나 극복할 수 없는 부정적인 상황에 지속적으로 노출되면 어떠한 시도나 노력

　　　　　　　　2. 때로는 내가

도 결과를 바꿀 수 없다고 여기는, 학습된 무기력Learned Help-lessness에 빠진다는 것이지요.

코끼리를 길들이는 법도 마찬가지입니다. 아주 어릴 때부터 목줄이 말뚝에 박힌 채 자란 코끼리는 다 커서도 그 목줄을 벗어나지 못합니다. 말뚝을 뽑는 건 일도 아닌데 말이죠. 또 막상 말뚝을 뽑고 달아나도 어디 갈 데가 없습니다. 다시 잡혀서 사람들에게 총살이나 안 당하면 다행이라고 여길 것입니다. 사람도 마찬가지입니다. 내가 아무리 열심히 해도, 내가 원하는 것을 얻을 수 없는 상황을 반복적으로 겪게 되면 자기 의지로 무언가를 새롭게 시도해볼 용기가 나지 않습니다. 그러니 정체를 알 수 없는 무력감이 엄습할 때, 스스로 한번 되돌아볼 필요가 있습니다.

'나는 무엇을 원했고, 무엇을 얻지 못했나.'

좌절된 욕구에서 비롯된 무력감은 중요한 신호입니다. 지금 내 삶이 내 바람과 어딘가 어긋나 있다는 것을 알려주는 신호 말입니다. 내가 원한다고 생각했던 것들이 사실은 내게 맞지 않는 것일 수도 있습니다. 많은 돈을 벌고 싶어 야근을 마다하지 않았는데, 내가 정작 돈으로 얻는 행복이 그다지 크지 않은 사람일 수 있습니다. 여행이 멋진 취미인 것 같아 세계 곳곳을 돌아다녀 봤는데, 정작 나는 집에서 편하게 소설책 읽기를 좋아하는 사람일 수 있습니다. 안정적인 직장이 최고인 것 같아 공무원이 되었는데, 매일 반복되는 일을 처리하면서 말라 죽어가는 느낌이 들 수도 있습니다.

무기력은 또한 심신의 에너지가 고갈되었다는 신호입니다. 에너지를 충전하라는 것입니다. 하지만 그 신호를 알아차리고 응답하기란 여간 어려운 일이 아닙니다. 하나를 선택하면 하나를 놓아야 하니까요. 격무에 시달려 병이 생겨도 막상 병가나 휴직계를 내지 못합니다. 당장 수입이 줄고, 회사에서 평판이 깎이고, 승진이 어려워지는 등 현실적인 문제들이 너무 크게 다가옵니다. 그러니 자신이 원하는 것이 무엇인지를 알았다면, 질문을 하나 더 해보아야 할 것입니다. '지금 내 손에 있는 것을 놓을 용기가 있는가?'

그럴 용기가 없다면, 나도 이 무기력의 지속에 한 손 거들고 있음을 인정해야 합니다. 당장 하던 일을 때려치우는 게 정답이라는 말이 아닙니다. 다만, 도저히 답이 없을 것 같은 상황에서도 실제로는 자신이 기여하고 있는 부분이 있음을 인정해야만, 상황에 대한 통제력을 회복할 수 있습니다. 죽지 못해서 이 일을 계속하고 있는 것 같았는데, 따져보니 현재로선 현상을 유지하는 편이 나을 것 같다는 나의 '선택'이 영향을 미치고 있는 것입니다.

지금 당장 시도하지는 못해도, 내가 선택할 수 있는 부분이 있다는 신념은 무기력을 깨고 나오는 열쇠가 됩니다. '에라 모르겠다. 하다가 정 안되면 때려치우면 되지 뭐' 같은 일종의 막무가내 정신일 수도 있습니다. 그런다고 해서 세상이 무너지는 것도 아닙니다. 마지막을 어떻게 장식할지 내가 열쇠를 쥐고 있다고 생각하면, 세상사 내 뜻대로 되는 게 하나도 없고, 나는 이 상황의 피해자일 뿐이라는 생각에서 빠져나올 수 있습니다.

완벽주의, 무기력의 주범

무기력을 조장하는 또 하나의 주범은 완벽주의입니다. 무기력에 빠진 사람들 대부분이 자신이 그렇게 완벽주의라고 생각하지 않습니다. 자신의 기준으로 보기에 그렇게 열심히 사는 것도 아니고, 늘 부족한 부분이 눈에 먼저 들기 때문입니다. 그러나 완벽주의는 세상 사람들이 모두 인정하는, 그럴듯한 완벽을 달성하는 사람들에게만 붙이는 수식어가 아닙니다. 애초에 세상 모든 일에 '완벽'이라는 것은 없기 때문입니다. 그러니 완벽하게 일을 처리해내고 싶은 사람은, 실존하지 않는 허상에 에너지를 쓰고 있는 셈입니다.

맹목적인 완벽주의를 추구하는 사람들은 아마 죽을 때까

지 단 한순간도 '잘 해냈다' 하는 느낌을 받지 못합니다. 그러나 일상을 살아가는 우리에게 필요한 건 '완벽해' 같은 자기도취적인 주문이 아닙니다. '이만하면 괜찮아!' 하는 감각입니다. 내 마음같이 완벽하게 딱 맞아떨어지지 않아도 이 정도면 됐다 하는 자기만족의 감각이 필요합니다. 하지만 완벽주의적인 사람들은 이러한 만족감을 허용하기 두려워합니다. 여기서 만족하면 더 발전할 수 없을 것 같고, 다른 사람들보다 뒤처질 것 같습니다….

어느 시점까지는 그런 사고방식이 효과적이었는지도 모릅니다. 그러한 채찍질 덕분에 열심히 했고, 어느 정도 좋은 성과를 이루었을 수도 있습니다. 어쩌면 지금까지 달성해온 그 성공의 기억 때문에, 자신의 방식이 더더욱 옳다고 여기며 이러한 삶의 모토를 포기하지 못합니다.

그러나 우리의 마음은 언제나 균형을 추구합니다. 어느 한 곳에 너무 많은 에너지를 쓰면, 반드시 그에 대한 보상을 요구합니다. 스스로를 채찍질하며 미친 듯이 앞만 보고 달리다 보면, 어느 순간 반드시 꼼짝달싹할 수 없는 무기력이 찾아옵니다. 그때가 되면 채찍질도 효과를 잃습니다. '너 지금 이러고 있을 때가 아니다'라고 아무리 다그쳐도 몸과 마음이 따라주지 않습니다. 이 시점의 무기력은 지난날의 삶의 방식과 안녕을 고해야 할 때가 왔음을 알려주는 것입니다. 더 이상 세상에 존재하지 않는 완벽을 좇을 것이 아니라, 나도 그저 완벽할 수 없는 한 명의 인간일 뿐이라는 사실을 받아들여야 합니다.

또 그 완벽주의의 이면을 유심히 보면, 내가 원하는 어떤 기준이 있어서 그렇게 노력을 해온 것도 아닐 가능성이 큽니다. 만일 진짜 그 완벽주의가 자신만의 확고한 기준을 충족하기 위한 자기만족의 산물이었다면, 어느 순간 그렇게 무기력의 나락으로 떨어지지 않았을 것입니다. 내가 세운 기준으로 완벽해지기보다는, 막연히 인정받고 싶고, 욕먹기 싫고, 남들이 부러워하는 어떤 존재가 되고 싶었을 가능성이 큽니다.

무기력의 굴레에서 벗어나기 위한 작은 걸음

지금까지 살펴본 것처럼 무기력은 내 의지대로 상황을 바꿀 수 없을 때, 지나치게 높은 기준을 추구하면서 다른 사람들의 인정을 바랄 때 생겨납니다. 그러니 무기력에서 빠져나오기 위해서는 반대로 접근해야 합니다. 나에게 맞는 현실적인 기준을 세우고, 지금 당장 내가 시도할 수 있는 아주 작은 것부터 시작하는 것입니다. 무엇이든 괜찮습니다. 반려견과 산책을 나가도 괜찮고, 밖에 나가 커피 한 잔을 마셔도 좋습니다. 창문을 열고 방을 환기시키는 것도 좋습니다. 아주 작은 일을 하고, 자신이 한 일에 대해서 스스로 인정해주는 것입니다. "이걸로 충분해."

이 사소한 행동 하나로 뭐가 달라지겠나 싶고, 앞으로 가야 할 길이 구만리같이 느껴져서 포기하고 싶겠지만, 그 작은 성공의 경험이 쌓이고 쌓여야만 다시 시동을 걸 수 있습니다. 그리고 무엇보다 자신의 한계를 알아야 합니다. 공무원 시험을 앞둔 수험생을 예로 들어보겠습니다. 해야 할 공부가 산더미 같은데, 너무 하기 싫어서 무의미하게 시간만 보내고 있습니다. 대부분 이런 지연 행동은 완벽주의적인 성향에서 비롯되는데, 자신의 능력에 비해 목표가 과한 것입니다. 아무리 열심히 해도 합격을 보장하기 어렵고, 또 노력이 보상받지 못할까 두렵습니다. 이 두려움의 실체를 직면하기 위해서는 자기 자신에게 솔직해야 합니다. 도저히 어려울지 모르지만, '그래, 내가 당장의 실력에 비해 많은 것을 바라고 있구나' 같은 현실 인식 말이죠.

이렇게 두려움의 실체를 직면한 뒤에는, 자신에게 맞는 합리적인 목표를 설정해야 합니다. 나보다 우위에 있다고 여겨지는 이의 목표와 계획을 쫓기보다, 나의 능력에 알맞은 목표를 세워야 합니다. 공무원 시험 합격자가 하루에 열두 시간씩 공부했다는 수기를 보고 비슷한 계획을 세웠다고 해 봅시다. 그런데 막상 따라 해보니 체력적으로 너무 힘들어 하루 이틀 공부한 뒤 손을 놓으면 무슨 소용이 있을까요.

계획에 실패하고는 다른 사람과 자신을 비교하며 좌절하고, 다시 공부를 시작할 엄두도 못 내게 됩니다. 이런 문제는 자기 스스로에 대한 자각 없이, 남들이 세워놓은 목표를 따라가려다 보니 발생하는 것입니다. 차라리 하루에 세 시간을 하더라도 매일 꾸준히 하는 것이 목표에 가까워지는 길이고, 일상을 알차게 꾸려가는 길입니다. 하루에 열두 시간을 앉아 있어야 한다고 생각하면 시작부터 두렵습니다. 그러나 하루에 딱 세 시간만 앉아 있자고 마음먹으면 부담이 줄어듭니다. 시작이 어려워서 그렇지, 막상 시작하고 나면 시간도 곧 잘 갑니다. 그래서 어떤 날은 네 시간, 다섯 시간을 하게 되는 날도 있을 것이고, 성공 사례가 쌓이면 자신감도 붙습니다. 내가 할 수 있다는 걸 체감하는 것입니다.

물론 내가 노력을 들인 만큼 보답받지 못할 수도 있습니다. 그러나 비록 노력이 원하던 결과로 이어지지 못했더라도 내가 선택한 길이고, 최선을 다했다면 분명 후회가 덜할 것입니다. 수긍이 되면 좌절을 버틸 수 있고, 이 길이 정말 아니다 싶으면 다른 길을 가면 됩니다. 전 국민의 육아 멘토인 오은영 박사님이 재수에 실패하고 속상해하는 아들에게 해주었다는 말이 있습니다. "최선을 다한다는 것은 그 결과까지 받아들인다는 뜻이야."

나의 최선을 알고, 최선을 다하는 것. 지금까지 쌓아온 작은 최선이 모이고 쌓여 새로운 선택을 위한 동력이 되어줄 것입니다.

행복이 디폴트가 아니라면, 행복

돈으로 행복을 살 수 있나요?

우리나라는 지난 20년간 OECD 국가 중 자살률 1, 2위를 기록하면서 '자살공화국'이라는 오명에 시달리고 있습니다. 자살은 앞날에 대해 어떤 긍정적인 기대도 어려울 때 다다르는, 막다른 골목입니다. 불행한 현재보다 나은 미래를 꿈꿀 수 없다는 절망감에서 빠져나오기 힘든 것입니다. 국가적으로 더 많은 경제 성장과 발전을 이루었는데 왜 우리는 더 불행해졌을까요?

우리가 고통받는 것은 절대적 빈곤 때문만은 아닐 것입니다. 모두가 불운하다고 느낄 때는 서로의 존재가 위로로 다가옵니다. 그러나 '나는 다른 사람들보다 더 불행한 삶을 살고 있다'같은 상대적 박탈감은 삶에 대한 의지를 꺾기에 부족함이 없습니다.

'나는 왜 남들보다 불행한가?'라는 질문에, '돈이 부족해서'라고 답하는 사람이 적지 않을 것입니다. 그럼 돈만 많으면 우리는 정말 행복해질 수 있을까요? '돈이 행복에 영향을 미치느냐' 하는 질문은 심리학의 오래된 연구 주제이기도 합니다. 지금까지 일련의 연구 결과들은 '그렇기도 하고, 아니기도 하다'라는 어정쩡한 결론을 내놓았습니다. 무슨 말인가 하면, 돈의 영향력은 행복을 무엇으로 정의하느냐에 따라 달라질 수 있다는 것입니다.

행복을 측정하는 방법에는 크게 두 가지가 있습니다. 하나는 인지적인 차원에서 삶에 대한 주관적인 만족도를 측정하는 것입니다. 즉, 내가 생각하기에 이 정도면 만족스러운 삶이라고 판단하는 것이죠. 다른 하나는 정서적인 차원에서 얼마나 긍정적인 정서를 많이 경험하는지를 측정하는 것입니다. 기쁨과 충만함, 따뜻함, 감사함, 설렘과 보람 등의 정서를 많이 느낄수록 행복하다고 보는 것입니다. 일반적으로 돈이 많으면 내가 꽤 만족스러운 삶을 살고 있다고 '생각하는' 비율은 커집니다. 그러나 돈이 많다고 행복하고 즐겁게 '느끼는' 비율이 높아지지는 않는다는 것이 중론입니다.

긍정적인 정서 경험은 물질적인 풍요보다는 일상에서 존중받는 경험을 하고 있는지, 의미 있는 관계를 맺고 있는지, 새로운 것을 배우고 유능감을 느끼는지, 하고 싶은 것을 할 수 있는 자유가 있는지 등의 요소들로 결정된다고 합니다. 물론 돈이 많으면 하고 싶은 것을 할 수 있는 자유와 선택의 기회가 많아지는 것은 사실입니다. 그러나 돈이 많다고 해서 이러한 기본 욕구가 절로 충족되는 것은 아닙니다. 돈을 많이 버는 사람들은 돈을 버느라 바빠 돈을 쓸 시간조차 없는 경우도 많습니다. 그러니 행복함을 '느끼며' 살기 위해서는 적극적으로 행복을 경작할 필요가 있습니다. 행복을 누릴 수 있는 시간과 방식을 잘 마련해야 하는 것입니다.

많은 사람이 행복을 마땅히 처음부터 주어져야 하는 것으로 여깁니다. 즉, 행복이 디폴트이고, 행복하지 않은 것이 이상하다고 생각하는 것입니다. 다들 행복하려고 사는 건데, 왜 사는 게 이리 힘든지 받아들이지 못합니다. 그러나 냉정하게 보면 인생은 행복보다 고통에 가깝습니다. 그냥 살아지는 대로 내버려 두면, 절로 행복해지기보다 고통에 빠지기 훨씬 쉽습니다. 돈이 아무리 많아도 행복을 적극적으로 경작하지 않으면, 돈은 오히려 행복을 방해하는 요소가 되곤 합니다.

경험확장가설experience-stretching hypothesis에 따르면, 최고치의 경험은 일상의 소소한 경험들을 즐길 수 있는 능력을 경감시킨다고 합니다. 즉, 특별하고 고급스럽고 진귀한 경험은 의도치 않게 평범한 일상을 하찮게 만들기도 합니다. 멋진 슈퍼 카를 타고 아름다운 풍경을 감상해본 사람은, 낡고 작은 차가 선사하는 편의성에 감사함을 느끼기 어려운 것입니다. 이는 남부러울 것 없는 부자들이 일상의 행복에서 멀어지고, 점점 더 강렬한 자극을 찾아 마약이나 유흥에 빠지는 이유가 되기도 합니다.

게다가 사람들이 돈이라는 말을 떠올리기만 해도 긍정적인 정서 경험이 떨어진다는 연구 결과도 있습니다. 어느 심리학 실험에서 한 집단의 사람들에게는 돈을 떠올리게 만든 뒤 초콜릿 한 조각을 나누어주었고, 다른 집단의 사람들에게는 그냥 초콜릿 한 조각을 줬습니다. 흥미롭게도 돈을 떠올린 뒤 초콜릿을 먹은 사람들은 비교 집단에 비해 초콜릿을 즐기는 시간이 더 짧았고, 이마저도 그다지 반갑게 여기지 않았습니다.

명확한 메커니즘은 밝혀지지 않았지만, 돈은 그 자체로 사람들이 무언가를 음미할 만한 여유를 앗아가는 것으로 보입니다. 그러니 돈이 곧 행복이라는 신념으로 돈벌이에 매진

할 때면, 다른 무언가를 놓치고 있는 것이 아닌지 한 번쯤 되돌아보는 게 좋겠습니다.

행복도 타고나는 건가요?

한편, 미국의 심리학자 데이비드 리켄David Lyken과 아우케 텔레겐Auke Tellegen은 행복도 유전적으로 타고난다는 연구 결과를 내놓음으로써 사람들을 충격에 빠뜨렸습니다. 이들은 행복의 유전율이 44~52%에 이르는 반면, 환경적 요인의 설명량은 3%에 불과하다고 했습니다.

게다가 인간이 느낄 수 있는 긍정적인 정서의 정도는 선천적으로 정해져 있어서, 일시적으로 기쁨을 경험하더라도 조금만 지나면 다시 원래의 설정값set point으로 되돌아오는 경향이 있습니다. 즉, 타고나길 긍정 정서성이 낮은 사람들은 무슨 짓을 해도 기분을 즐겁게 유지하기가 힘들고, 긍정 정서성이 높은 사람들은 부정적인 경험을 하더라도 쉽게 회복되어 다시 긍정적인 상태로 돌아옵니다.

부자 부모에게서 태어나지 못한 것도 억울한데, 행복마저 유전된다는 말인가? 이렇게 생각하면, 태어난 것이 억울하고 불공평한 인생에 넌더리를 느낄지도 모르겠습니다. 그런데 아카데미 여우 조연상을 수상한 윤여정 배우님이 이런 말씀을 하시더군요. "인생은 불공정, 불공평이야. 하지만 그 서러움을 내가 이겨내야 하는 것 같아." 그 서러움을 이겨내고 나만의 행복을 경작하기 위해서는, 우선 삶은 불공평한 게 맞고, 또 내가 선택할 수 있는 것도 그다지 많지 않다는 것을 인정해야 하지 싶습니다.

이 사실을 인정한 뒤에 무엇을 할 것인가? 우리의 선택권은 여기에서부터 주어집니다. 아무리 노력해봤자 타고난 사람을 이길 수 없다는 자괴감에 빠져서 불행한 삶을 마감할지, 현실에서 내가 할 수 있는 일을 할 것인지….

극단적인 유전론자들의 주장에는 유전에 영향을 미치는 환경적 요인이 과소평가 되어있습니다. 예를 들어, 우울증이나 조현병 같은 정신 질환은 유전적 소인이 크다고 알려져 있습니다. 그러나 '우울유전자'라고 이름 붙일 수 있을 만큼, 직접 우울증을 일으키는 특정 유전자는 아직 밝혀진 바가 없습니다. 물론 우울증에 취약한 어떠한 소인을 타고난 것은 분명합니다. 그러나 후천적 경험이나 환경에 따라서 그러한 소인이 발현되어 우울증을 일으킬 수도 있고, 잘 관리를 받아 무사히 넘어갈 수도 있습니다.

마찬가지로, 신체적으로 유전적 소인이 가장 큰 특성 중에 '키'가 있습니다. 키의 유전율은 약 90%에 이를 만큼 유전성이 강력합니다. 그러나 작은 키의 유전자이더라도, 노력으로 변화시킬 수 있는 부분이 있습니다. 건강한 식습관과 충분한 수면, 꾸준한 운동 등은 성장에 긍정적으로 기여합니다. 물론 그 변화의 폭은 키 큰 유전자에 비해서는 적을 수밖에 없습니다. 그러나 아무런 노력을 하지 않는 것보다는 분명 더 성장할 것이며, 건강한 습관으로 자신의 일상을 꾸려가는 과정에서 자기효능감과 삶의 만족도도 증가할 수 있습니다. 그러다 보면 결과적으로 원하는 키에 도달하지 못하더라도, 나름대로 의미가 있고 가치 있는 삶이었음을 받아들일 수도 있겠지요.

행복에 이르는 만고의 진리 중 하나는, 결과가 아니라 과정에 초점을 두는 것입니다. 중요한 것은 내가 처한 현실을 개선하려면 더 많은 노력이 필요하다는 사실을 성숙하게 받아들이고, 가능한 목표를 세워 내가 원하는 방향으로 꾸준히 나아가는 것입니다.

마시멜로는 언제 먹어야 행복할까?

행복을 적극적으로 경작하려면 일상에서 행복의 원천을 꾸준히 발굴하고, 이를 향유하는 습관을 길러야 합니다. 비교적 최근에는 '소확행小確幸', 소소하지만 확실한 행복이란 의미의 신조어가 유행하기도 했죠. '소확행' 풍조에는 불확실한 미래의 커다란 행복보다, 작더라도 당장 충족되는 행복이 인생을 풍요롭게 한다는 의미가 담겨 있습니다. 출근길의 커피 한 잔, 퇴근 후 잠깐의 산책, 잠들기 전 듣는 노래 한 곡 등 자신만의 소소한 행복 리스트를 만들고 실천하는 사람들이 하나둘 늘고 있습니다.

이런 과정에서 남들이 정해둔 행복의 기준을 내려놓고, '나는 이런 환경에서 편안함을 느끼는구나, 나는 이런 스타일의 음악에 끌리는구나'같이 자신만의 행복을 발견하는 것이 중요합니다. 좋아하는 게 별로 없고, 하고 싶은 게 별로 없고, 뭘 해도 다 심드렁하다는 것은, 어쩌면 자기 자신에 대해 무지하다는 방증일 수도 있습니다.

한편, 현재의 행복을 강조하는 현상은 미래를 위해 인내와 절제를 미덕으로 삼던 과거의 풍조와 확실히 결이 다릅니다. 그렇다면 미래를 위한 대비와 현실의 행복 추구, 둘 중 어느 쪽이 진정한 행복에 이르는 길일까요?

1972년 미국 스탠퍼드대 월터 미셸Walter Mischel 연구팀이 진행한 마시멜로 실험은 인내와 절제의 중요성을 전 세계에 전파한 유명한 심리학 실험입니다. 연구진은 아이들이 좋아할 만한 간식거리인 마시멜로를 4세 내외의 아이들 눈앞에

두었습니다. 그리고 마시멜로를 언제든 먹어도 되지만 15분만 기다리면 하나를 더 주겠다는 제안을 하고 자리를 떠납니다. 혼자 남겨진 아이들 중에는 곧바로 집어 먹는 아이도 있었고, 억지로 참다가 견디지 못한 아이도 있었고, 차분히 기다리는 아이도 있었습니다.

그로부터 18년 후 연구진은 실험에 참가했던 아이들을 추적 관찰해 놀라운 결과를 내놓았습니다. 일전의 실험 당시 마시멜로를 먹지 않고 기다렸던 아이들이 그렇지 않은 아이들에 비해 SAT, 즉 미국식 수능에서 월등히 높은 점수를 받고, 사회적응력이 높았으며, 마약, 알코올 등의 중독률이 낮았다는 것이었습니다.

이후 해당 연구 결과는 장래의 더 큰 만족을 위해 현재의 욕구를 참아내는, 만족 지연 능력의 중요성을 강조하는 바이블이 됐습니다. 이 이야기는 한국에서도 《마시멜로 이야기》라는 자기계발 서적으로 흥행했고, 성공하는 사람들의 절대 원칙으로 알려졌습니다.

그러나 이 연구에 이은 후속 연구들은 마시멜로 실험에 관한 새로운 관점을 제기합니다. 과연 참을성 있는 아이를 만드는 것은 무엇일까? 2012년 미국 로체스터대의 한 연구팀은 아이 28명을 대상으로 새로운 실험을 했습니다.

연구진은 아이들에게 미술 활동을 할 텐데 조금만 기다리면, 색종이와 찰흙을 주겠다고 약속합니다. 이후 절반의 아이들에게는 약속한 대로 색종이와 찰흙을 주었고, 나머지 아이들에게는 재료가 없다며 주지 않았습니다. 이어서 마시멜로 실험을 진행했는데, 약속대로 색종이와 찰흙을 받은 아이들은 대부분 마시멜로를 먹지 않고 기다렸지만, 받지 못한 집단의 아이들 중 마시멜로를 먹지 않고 기다린 아이는 한 명뿐이었습니다.

이 연구는 미래의 보상을 담보할 수 없는 불안정한 환경에서는 즉각적인 만족을 추구하게 되는 경향이 있음을 보여줍니다. 기다림 끝에 마시멜로를 하나 더 받을 거라 확신이 없는 상황에서는 당장 하나라도 먹는 쪽이 확실한 만족을 보장합니다. 즉, 최근의 '소확행'이나 '욜로', 현재를 중시하는 현세대의 성향도 불투명한 경제 상황과 부의 양극화 맥락에서 이해되는 부분이 있습니다.

언제 먹는지보다 중요한 것

이 글은 지금 같은 시대에는 마시멜로를 당장 먹는 게 현명하다거나, 부족한 참을성을 부조리한 환경의 탓으로 돌리기 위해 쓰인 것은 아닙니다. 마시멜로를 지금 당장 먹는 것이 행복할지, 나중에 두 개 먹는 것이 행복할지는 본인이 처한 상황과 추구하는 가치에 따라 다릅니다. 누군가는 꾹 참고 나중에 두 개를 먹으며 행복하다고 느낄 것이고, 또 다른 누군가는 먹고 싶은 지금 당장 하나를 먹으니 정말 만족스러울 것입니다. 타인에게 자기 방식이 옳다며 너무 고리타분하다거나 참을성이 부족하다고 비난하지만 않는다면 어느 쪽이든 괜찮습니다.

다만 선택에는 책임이 뒤따릅니다. 마시멜로를 냉큼 먹고 난 뒤, 나는 왜 더 주지 않느냐 하며 불공평하다고 항의하거나, 내가 마시멜로를 먹을 수밖에 없었던 것은 너무 배고팠기 때문인데 야박한 것 아니냐고 환경을 탓하는 것은 불행을 자초하는 일입니다. 마시멜로를 지금 먹을지, 나중에 먹을지 선택한 것은 나였음을 인정해야 합니다.

또 '나중에 시간과 여유가 생기면 지금 못했던 것들을 다 할 거야' 하는 생각으로 지내고 있다면 다시 생각해볼 필요가 있습니다. 살아가다 보면 할 일은 늘어나지 줄어드는 날은 쉽사리 오지 않고, 지금 내 곁에 있는 사람들과 함께 추억을 만들고 공유하지 않으면 나중에는 행복을 함께 누릴 사람이 없을 것임을 기억해야 합니다.

지금 움켜잡아야 할 행복이 있고, 내일을 위해 잠시 미뤄야 할 행복도 있다는 것을 알고, 그 사이의 균형을 유지하면서 필요한 순간에 현명하게 선택할 수 있는 유연함을 갖추는 것이 중요합니다.

세상이 늘 내 편은 아니고
늘 내 손을 잡아줄 누군가가 있지는 않습니다.
하지만 결정적인 순간에는 세상에서 구원받았다는
감각이 우리를 살아 있게 하고,
또 그 감각을 다른 누군가에게
나눌 수 있게 합니다.

3.

내가 선택한 관계라도

전부 책임질 필요는 없습니다

'사람은 기본적으로 관대하고 친절하다', '사람은 기본적으로 이기적이고 탐욕적이다.' 두 문장 중 여러분은 어느 쪽에 더 동의하시나요? 모든 사람은 세상을 보는 자기만의 렌즈가 있습니다. 인간에 대한 기본적인 신념과 인간관은 우리가 세상을 인식하고, 해석하고, 판단하는 데 지대한 영향을 미칩니다.

하지만 우리는 평소에 자신이 그러한 신념에 따라 산다는 사실조차 깨닫지 못하는 경우가 많습니다. 그 렌즈가 '나'에게 각인되어 렌즈를 벗었을 때의 세상을 짐작하지 못하고, 다른 사람들은 다른 렌즈로 세상을 본다는 걸 상상조차 못하기 때문입니다. 그래서 나의 렌즈에 비치지 않는 세상의 단면을 마주할 때면, 이런 말이 절로 나옵니다. "세상에, 어떻게 그럴 수가 있지?", "인간이 어떻게 그럴 수가 있지?"

이런 생각이 자주 든다면, '세상은 마땅히 이러해야 하고, 인간은 마땅히 이러해야 한다'는 자신만의 렌즈를 낀 채 사는 것은 아닌지 돌아봐야 합니다. '어떻게 그럴 수가' 있냐면, 사실은 인간이기 때문이지요. 인간이기 때문에 무엇이든 그럴 수가 있고, 무슨 일이 일어나도 그다지 놀랍지 않을지도 모릅니다.

인간의 모든 속성은 0과 1로 떨어지지 않고, 연속선 상에서 일정한 분포를 이루고 있습니다. 예를 들어 IQ를 분포로 나타내면 평균값, 100 주변에 가장 많은 수의 사람이 몰려 있고, 양극단으로 갈수록 밀도가 낮아집니다. 그러나 아무리 극단값에 속하는 소수의 사람이더라도, 그들은 엄연히 실존합니다. 다른 예로 사이코패스 성향을 분포로 나타내면 대다수의 사람은 평균적인 값을 나타나겠지만, 극히 낮은 성향의 사람과 극히 높은 성향의 사람도 분포의 한 지점을 차지하고 있습니다.

우리가 상식이라고 부르는 대부분의 속성이 사실은 다양성이 용해되며 형성된 임의의 기준이라고 본다면, 현실에는 상식을 벗어난 인물들이 항상 존재하고, 상상을 초월하는 사건들이 끊임없이 발생할 수밖에 없습니다. 나와는 다른 사람이 얼마든지 존재한다는 것, 나의 기준을 벗어난 사람이 내 기준에 들어맞는 사람들보다 더 많이 존재함을 수긍하는 것이 현실에 발을 딛고 서는 첫걸음이 아닐까 합니다.

만일 내가 어떤 종류의 렌즈를 끼고 세상을 보는지 실감하기 어렵다면, 일상에서 자주 사용하는 언어와 자주 드는 생각들을 한번 살펴보세요. 길가에 버려진 쓰레기를 보며, '인간은 지구에 해악을 미치고 있어' 하고 고개를 젓지는 않았는지, 멀쩡한 주차 공간을 두고 아파트 현관 입구를 막은 자동차를 보며 '몇 걸음 더 걸어간다고 다리가 부러지나? 자기만 편하면 다야?' 하며 인상이 찌푸려지지는 않았는지, 혼잡한 출근길에 어깨를 치고 가는 사람을 보며, '저런 무례한 인간을 봤나. 가다가 넘어져서 코나 깨져라!' 하며 악담을 퍼붓고 싶지는 않았는지 말입니다. 그러한 상황에서 불쾌감이 드는 것은 자연스러운 일이지만, 내가 마주하는 세상이 늘 불쾌한 자극과 무례한 사람들로 가득하다면, 내가 끼고 있는 렌즈가 세상의 일부만을 보여주는 렌즈일지도 모른다는 가설을 검토해봐야 할 것입니다.

인간은 지구상에서 쓰레기를 가장 많이 배출하는 동시에 친환경 기술을 개발하는 중이고, 불법 주차를 하면서도 응급 구조차의 경적 소리에 길을 터주며, 남의 어깨를 치고 새치기를 하며 뛰어가는가 하면 뒷사람을 위하여 문을 잡아주기도 합니다. 내가 살아가는 세상에서 나는 어떤 인간을 더 많이 마주하고 있을까요?

세상에는 무례하고 악한 인간만 있는 것도 아니고, 친절하고 선한 인간만 있는 것도 아니며, 한 사람의 내면에도 양쪽 측면이 공존하고, 우리 모두 선과 악이라는 양극단의 스펙트럼 상 어느 한 지점에 놓여 있습니다. 남의 어깨를 치고 사과도 없이 달려가는 사람과 뒷사람을 위해 문을 잡아주는 사람이 동일인이 아닐 수도 있지만, 전자의 인물이 항상 그렇게 무례하고 성급하게만 살아가는지, 그날따라 급한 사정이 있어 정신없이 헐레벌떡 뛰어갔는지, 그 사람을 만나서 이야기를 들어보기 전까지는 그가 어떤 사람인지 결코 알 수 없습니다.

게다가 같은 이야기를 듣고도, 동일 인물에 대해 서로 다른 판단을 내리는 경우도 비일비재합니다. 그러니 우리가 누군가를 '안다'라며 확신하기 전에, '나는 어떤 시선으로 상대를 볼까?', '내가 보는 모습이 그의 전부일까?' 등의 질문을 던져봐야 할 것입니다.

이는 타인을 대할 때에만 필요한 태도가 아닙니다. 나는 나 자신에 대해 얼마나 잘 알고 있을까요? 내가 평소에 어떤 눈으로 세상을 보고 있는지, 진실로 모두 알고 있을까요? 내가 타인에게 얼마나 많은 영향을 받고 있는지, 내가 타인에게 얼마나 많은 영향을 미치는지 정확히 알고 있을까요? 이러한 질문을 던질 수 있다면, 그리고 '내가 모르는 내 모습이 있을 수 있다'는 사실을 기억한다면 우리는 타인은 물론 자신에 대해서도 함부로 속단하지 않을 것이며, 나와 타인을 알아가고자 하는 노력을 게을리하지 않을 것입니다.

내가 세상을 바라보는 관점, 나에게 각인된 이 렌즈는 어디에서 비롯되었을까요? 이에 대한 답을 딱 잘라 말하기는 어렵습니다. 혹자는 날 때부터 그렇다고 할 것이고, 혹자는 환경이나 양육 방식 때문이라 할 것이며, 또는 이 모든 요인의 복합적인 결과라고 할 것입니다. 이 장에서는 수많은 요인 중에 애착 관계라는 부분을 중심으로 관계의 본질을 살펴보고자 합니다.

흔히 애착 관계가 자신과 타인에 대한 표상을 형성하는 데 큰 영향을 미친다고 하면 부모가 자녀를 대하는 태도만을 생각하는 경향이 있습니다. 물론 부모의 반응은 일차적으로 중요합니다. 유아가 부모를 필요로 하는 순간에 유아의 부름에 민감하게 반응하는 양육자에게서 자란다면, 유아는 기본적으로 자신과 타인에 대해 긍정적인 표상을 형성할 가능성이 큽니다. '나는 사랑과 돌봄을 받을 만한 존재이며, 타인은 나에게 선의를 베풀고 나의 부름에 호응해주는 존재'라고 믿을 것입니다.

반면, 유아가 부모를 필요로 하는 순간을 외면하는 부모에게서 자란다면 반대의 표상을 형성할 것입니다. '나는 사랑받을 만한 가치가 없고, 타인은 나에게 무심하며, 세상은 냉혹한 곳이니 홀로 살아남아야 한다'라고 말입니다.

유아가 부모를 필요로 할 때 비일관적으로 호응하는 부모 아래서, 예측 불가한 상황에 반복적으로 놓이면 '모든 결정권이 타인에게 있고, 나는 무력하며, 버림받지 않기 위해서는 끈질기게 매달려야 한다'라는 표상을 형성할 것입니다.

아이는 양육자의 스타일에 맞춰 세상에 대한 신념을 형성하고, 그에 맞는 자신의 생존 전략을 발달시키지만, 이렇게 형성된 패턴은 다시 부모에게 영향을 미치고, 아이가 본래 가지고 태어난 기질 또한 부모의 반응에 많은 영향을 미칩니다. 조심성이 많고 접촉을 꺼리는 유아는 자기도 모르게 부모의 손길을 피하거나 소극적으로 반응함으로써 부모를 밀어냅니다. 요구가 많고 까다로운 아이는 그 변덕스러움을 일일이 맞추기 힘들어 부모를 지치게 만들고, 부모도 변덕스럽게 대응할 가능성이 커집니다.

애착 관계에서 부모가 성인이고, 일반적으로 감정과 행동에 대한 조절 역량이 아이보다 크기 때문에 부모의 역할이 강조될 뿐, 유아가 부모에게 미치는 영향도 결코 작다고 할 수 없습니다. 부모가 아이에게 영향 미치는 만큼, 유아도 부모의 특정 반응을 끌어내는 역할을 합니다.

양질의 애착 관계는 자신과 타인에 대한 긍정적 표상만 형성하는 것이 아니라, 관계의 구조적 속성, 즉 관계는 서로 주고받는 상호작용으로 만들어지는 것임을 각인시킨다는 점에서 무척 중요합니다. 안정적인 애착 관계에서는 부모가 아이에게 일방적으로 영향을 미치는 것이 아니라, 아이도 부모에게 영향 미친다는 것을 체감합니다.

좋은 부모란 자녀에게 무한한 애정을 주고, 어떤 요구든 즉각적으로 들어주는 부모라고 생각하기 쉽습니다. 하지만 늘 '오냐오냐' 받아주기만 하면, 아이는 부모를 욕구도 감정도 없이 늘 자신에게 베풀고 희생하는 것이 당연한 사람으로 보게 됩니다. 나아가 타인은 으레 자신의 욕구를 충족하기 위해 존재하는 도구로 여길지도 모르고요. 안정적인 애착 관계에서 부모는 항상 아이의 요구에 맞춰주는 것이 아니라, 아이의 경험은 확실히 아이의 것임을 알 수 있도록, 또 부모에게도 별개의 감정과 욕구가 있음을 알 수 있도록 반응합니다.

아이가 제 뜻대로 되지 않는 상황에서 부모를 할퀴거나 때리면, 먼저 "아야! 그럼 엄마가 아파. 다른 사람을 때리면 안 돼." 제지하며 단호한 어투로 말해줘야 합니다. '네가 나를 아프게 할 수 있고, 인간관계에서는 해도 되는 것과 해서는 안 되는 것이 있다' 경계를 알려주는 것입니다. 엄마가 손목이 너무 아파서 아이를 안아주기 힘들 때, "지금은 엄마가 손목이 아파서 안아주기 힘들어. 많이 속상하지? 손목이 나으면 더 많이 안아줄게." 하고 아이를 단념시킬 수도 있어야 합니다. 사랑하지만 모든 요구를 들어줄 수는 없으며, 요구를 들어주지 않는다고 해서 너를 사랑하지 않는 건 아님을 느낄 수 있도록 말입니다.

이러한 경계 짓기는 아이의 발달 수준에 맞게 확장되어야 합니다. 말을 할 수 있는 나이가 되어서도 아이가 제 뜻대로 되지 않을 때 울고불고 소리를 지른다면, "그렇게 울고 소리 지르면, 무슨 말을 하고 싶은 건지 알아들을 수가 없어. 울음을 그치고 다시 말해줘"라고 자신의 행동이 상대에게 미치는 영향을 알려주는 것입니다. 양육자의 명확한 반응을 보면서 아이는 타인이 나와는 별개의 인격체이며, 나의 행동이 상대에게 영향을 미친다는 것을 실감합니다.

불안정한 애착 관계를 경험한 사람들은 자기 행동의 파급력을 정확하게 설명해주고, 적절한 경계를 지어줄 대상이 부재한 경우입니다. 타인을 살아 있는 인간으로 경험하기 어려우며, 자신이 타인에게 미치는 영향력을 잘 실감하지 못합니다. 그래서 자신의 영향력을 실제보다 과대, 과소 평가함으로써 관계에서 자기 몫을 구분하기에 어려움을 겪습니다.

늘 울고불고 부모에게 매달리며 관심을 갈구하는 아이에게 부모가 "너 때문에 정말 힘들어 죽겠어!"라고 하면, 그 순간 아이는 자신이 그만큼이나 나쁜 사람이라고 믿습니다. 그러다 또 부모가 돌변하여 아이를 안아주면 아이는 자신의 행동이 타인을 질리게 할 수 있음을 모른 채 징징대며 매달리는 행동을 고수합니다. 아이에게 필요한 것은 "지금은 네 부탁을 들어주기 어려워. 엄마가 이 일을 끝낼 때까지 기다리렴. 떼를 쓸수록 일을 끝내는 시간이 오래 걸릴 거야"라며 행동의 결과를 설명해주고, 경계를 세우는 것입니다.

부모를 회피하며 감정적으로 억제된 아이는, 자신의 행동이 타인을 밀어내고 스스로를 고립시킨다는 점을 깨닫기 어렵습니다. 이에 대해 부모가 "엄마가 어쩌라는 거야? 네가 알아서 해야지!" 반응한다면, 아이는 '나는 환영받지 못하는 존재이고, 타인은 나를 언제든 떠날 수 있어'라는 신념을 강화할 뿐, 부모가 사실은 자녀를 어떻게 대해야 할지 몰라 두려워하고 있다는 것을 결코 실감하지 못할 것입니다.

아이는 자신의 작은 요구마저도 타인을 귀찮게 만들거나 폐를 끼칠 수 있다는 과대평가와 나의 어떤 몸짓도 타인에게 전달되지 않을 거라는 과소평가 사이를 왔다 갔다 합니다. 아이에게 정말 필요한 것은 "네가 말하지 않으면, 네가 무엇을 원하는지 알기 어려워. 엄마도 어떻게 해줄지 몰라 막막하구나. 말할 준비가 되면 알려주겠니?"라고 아이 행동의 영향력을 현실적인 수준에서 알려주는 것입니다.

자신이 타인에게 미치는 영향력을 실감하지 못할 때 타인은 살아 움직이는 실체라기보다, 자신의 관념 속에 존재하는 비현실적인 대상으로 남습니다. 이들은 심리상담을 받을 때도 상담자에게 비현실적인 기대를 하곤 합니다. "선생님만은 제 이야기를 잘 들어주고 모두 이해해주시겠죠?"라거나 "선생님도 저를 이해하지 못할 거예요. 어차피 돈 벌려고 하는 거지, 제 이야기에 관심 없잖아요"라며 자기 기대에 따라 행동하며, 자기가 상대에게 미치는 영향을 간과합니다.

상담자는 이러한 비현실적인 기대를 깨고, 당신이 마주하고 있는 상대방도 살아 숨 쉬는 사람일 뿐임을 일깨워주는 역할을 합니다. 상담자도 사람이기 때문에 내담자의 이야기가 이해될 때도 있고 때론 안 될 때도 있으며, 돈 당연히 벌어야 하지만 돈을 벌기 위해서만 일을 하는 것은 아님을 있는 그대로 보여주는 것입니다. 그렇게 함으로써 내담자가 현실에서도 자기만의 틀을 깨고, 다른 사람과 인간 대 인간으로 관계를 맺을 수 있게끔 발판을 마련해주는 것입니다.

인간중심 상담을 주창한 로저스Carl Rogers는 상담자가 자기 내면에서 일어나는 경험을 있는 그대로 수용하고, 필요하다면 이를 솔직하게 보여주는 태도, 진솔성genuineness이 관계맺기의 토대가 된다고 보았습니다. 상담자가 자신을 잘 이해해주지 않는 것 같아 속상했던 내담자는 상담 시간 내내 침묵을 지키고 있었습니다. 상담자가 긴 침묵을 깨고, "혹시 저에게 서운한 게 있나요?"라고 물어보자, 내담자는 "어차피 말해 봤자 아무 소용없잖아요"라고 싸늘하게 답했습니다.

'어떤 점에서 서운하게 느꼈는지 말을 해주지 않으면 알기가 어렵고, 소용이 있을지 없을지는 대화를 나누기 전에는 알 수 없다. 나는 당신을 이해하고 싶다'는 설득 끝에 내담자는 자신이 서운했던 지점을 이야기하기 시작했습니다. 그리고 서로의 오해가 풀렸을 때, 상담자도 자신의 솔직한 심정을 전했습니다. "말해 봤자 소용없다는 말을 들으니, 마음이 아팠습니다. 우리가 함께 쌓아온 시간이 있는데, 그 시간을 아무 의미 없는 것으로 취급하는 것 같았거든요." 그러자 내담자는 크게 놀라며, "그런 뜻은 아니었어요. 그냥 그때는 서운한 마음에 말이 세게 나갔어요. 그런데 선생님도 제 말에 상처를 받으시나요?" 하고 물었습니다. 상담자는 망설임 없이 답했습니다. "그럼요. 저도 사람인걸요."

이후 내담자는 자신이 끼고 있는 렌즈, 인간에 대한 신념을 돌아봤습니다. '말해 봤자 소용없다'라는 믿음은 단지 상담자에게만 느끼는 서운함이 아니라 아주 오래된, 너무나 당연하게 각인된 프레임이었고, 마음의 자동 작동 장치였습니다. 상대방의 어떤 말과 행동에 자극을 받아 밸브가 눌리면, 자동적으로 마음의 문을 닫고 관계에서 물러나는 패턴을 반복해왔던 것입니다. 그렇게 함으로써, 상대방을 지치게 만들고 결국 떠나게 만듦으로써 '말해 봤자 소용없다'라는 자신의 신념을 자기실현적으로 이뤄왔다는 것을 알게 되었습니다.

내가 상대에게 상처를 줄 수도 있다는 것, 그리고 기쁨을 줄 수도 있다는 것, 상대가 내게 영향을 미치듯 나도 상대에게 영향을 미치고, 타인이 항상 지금의 모습으로 고착된 게 아님을 실감하는 순간은 항상 설레면서도 무섭습니다. 나는 어떤 관계의 희생자나 피해자로만 남아 있지 않고, 나 또한 세상에 영향을 미칠 힘이 있으며, 내가 맺는 관계를 책임져야 한다는 걸 받아들여야 하기 때문입니다.

관계 안에서 자신의 영향력과 책임을 받아들이지 못하면 관계의 주도권을 잃고 속수무책으로 휘둘리거나, 자기 패배적인 관계를 반복하게 됩니다. 또한, 타인이 살아 숨 쉬는 사람임을 실감하지 못하면 타인이 어떤 고정된 모습으로 남길 기대하며, 타인을 있는 그대로 바라보지 못합니다.

이번 장에서는 너와 나 사이의 경계 짓기를 통하여 관계에서의 주도권을 회복하는 과정과, 타인을 있는 그대로 바라보고 수용한다는 의미를 살펴보려 합니다. 또한, 누군가를 미워하거나 질투하는 마음이 들 때, 나의 몫을 분명히 구분함으로써 이러한 감정에 휘둘리지 않고 중심을 잡는 방법도 이야기해보겠습니다.

나는 왜 나쁜 사람만 만나는 걸까?

어떤 관계이든 내 몫이 있다

2021년을 기준으로 우리나라 1인 가구의 비율이 33.4%에 달한다고 합니다. 결혼과 출산이 꼭 치러야 할 과업으로 여겨지던 시대가 저물고 있기에, 현대사회에서는 누군가를 만나서 영원한 사랑을 약속할 동기도 많이 희미해졌습니다. 그러나 사랑의 결말이 꼭 결혼이 아니더라도, 사랑을 주고받고자 하는 욕구는 자연스러운 생리 현상입니다. 오히려 사랑이 외압에 따른 결속이 아니게 됐으니, 상대를 선택할 때 더욱 신중해야 하겠지요. "어떤 사람을 만나야 하나요?", "이 사람과 헤어져야 할까요?"

혼자 하는 일에는 자신이 넘치는 사람도 사랑에 있어선

자기 선택을 신뢰하지 못하고, 어쩔 도리가 없다는 무력감에 빠지는 경우가 적지 않습니다. 관계에는 너와 내가 존재하고, 관계에서 발생하는 역동의 절반은 상대의 몫입니다. 따라서 아무리 관계를 잘 꾸려가고자 하는 의지가 넘쳐도 뜻대로 되지 않는 경우가 많지요. 내 의지와 무관하게 관계에서 반복해 상처받다 보면, 사랑에 대해 회의론자가 되어버립니다. 선뜻 누군가를 못 믿고, 자신의 안목도 못 믿는 상태에 빠지게 되죠. 하지만 관계가 둘이 함께 만들어가는 것임을 인정한다면, 실패한 관계가 온전히 자신의 잘못이 아님을, 그런 동시에 반은 자기 책임임을 수긍할 것입니다.

그러니 우리가 경험에서 배워야 할 것은 자기가 어떤 사람인지에 대한 답일 것입니다. 상대가 얼마나 별로인 사람이었는지 욕하거나, 상대의 앞날을 저주하거나, 혹은 자신이 상대를 구원하려 했다는 환상에 빠지지는 않아야 합니다. 그런 마음이 드는 것은 어쩔 수 없지만, 그 감정에 머물러 있으면 질릴 대로 질려버린 과거의 시나리오를 재현할 수밖에 없습니다.

그렇다고 상대의 몫까지 자기 탓으로 돌리며 자책할 필요도 없습니다. 관계를 지속하는 와중이나 관계가 끝난 후에도, 자기의 몫은 자기의 몫으로 두고 상대의 몫은 상대의 몫으로 남겨두는 것이 건강한 관계를 유지하는 기본 원칙이라 하겠습니다.

잘못된 관계를 반복하고 있다면

자신을 사랑해야만 타인을 사랑할 수 있다는 말, 사랑을 받아봐야만 줄 수도 있다는 말, 한 번쯤은 들어보셨을 말들입니다. 이 진부하고 상투적인 말들, 부모로부터 양질의 돌봄을 받지 못한 사람들에게는 낙인이 되고, 상처가 될 수밖에 없는 말들이 두고두고 회자되는 이유는, 이 말들이 사랑의 실체에 관해 어떠한 진실을 내포하고 있기 때문입니다. 그 진실이란 사랑에 관한 대부분의 의문이 자기 자신에게 솔직하고, 자신과 타인을 있는 그대로 봐야만 풀 수 있는 수수께끼라는 점입니다. 내가 누구인지 알아야 상대를 정확히 볼 수 있는 눈이 뜨이는 것입니다.

앞서 부모와의 건강한 애착 관계를 통해 인간의 입체성을 이해하고, 복합적이고 다양한 면을 통합적으로 이해하는 법을 배운다고 했습니다. 자신과 타인을 온전하게 한 인간으로 볼 수 있다면, 각자의 한계와 약점도 있는 그대로 수용할 수 있습니다. 하지만 건강한 내적 표상을 일구지 못했다면, 사랑을 선택하고 지속하는 것은 고통스러운 과정이 됩니다. 다른 사람을 만나도 비슷한 패턴을 반복하며 스스로 벗어나기 힘든 굴레에 휘말리게 됩니다. 그렇게 지독한 연애사를 몇 차례 반복하고서야 문제는 상대가 아니라, 바로 자기 자신이었음을 깨닫곤 합니다. "어쩌면 저는 다른 사람들을 만나면서도 같은 사람만 보고 있었던 건지도 모르겠어요."

같은 사람은 아마도 자신의 마음속에 존재하는 환상, 소망, 결핍… 또는 다른 자신의 일부였을 것입니다.

건강한 애착 관계 안에서 자신의 정체성을 잘 분화한 사람은 본능적으로 자신이 경험했던 건강한 관계를 편안하게 느끼고, 그에 걸맞는 대상을 찾아냅니다. 또 자신과 타인의 경계를 잘 유지하며, 자신을 잃지 않으면서도 상대에게 친밀감을 느낍니다. 그러나 역기능적인 가정에서 성장하며 자신을 비춰주는 거울이 부재했다면, 사랑을 선택하고 지속하는 데에도 값비싼 대가를 치를 수 있습니다. 그들은 자신이 어떤 사람인지를 알 기회가 없었거나, 혹은 자신을 위험에 빠뜨리는 불안정한 관계를 익숙하고 자연스러운 것으로 학습한 셈입니다.

내가 어떤 사람인지 잘 모른다면 내가 무엇을 좋아하고 싫어하는지, 무엇을 견딜 수 있고 견딜 수 없는지, 어떤 특성을 신뢰하고 불신하는지, 어떤 때 안전감을 느끼고 위협을 느끼는지에 대한 답을 스스로 찾을 수 없습니다.

혹은 외상을 겪은 뒤 고유한 신체적, 정서적 반응이 왜곡되어, 자신의 상처와 결핍을 자극하는 위험한 대상에게 이끌리기도 합니다. 왠지 모를 강렬한 끌림이 사랑이라는 탈을 뒤집어쓰는 것입니다. 따라서 많은 심리치료이론에서는 초반에 강렬한 끌림으로 시작되는 관계를 조심하라고 경고합니다.

이 강렬한 반응은 대뇌피질이 관장하는 이성의 영역에 속하는 것이 아니라, 정서 반응을 관장하는 원시 뇌, 변연계에 각인되는 것이기 때문에, 평소에 맑은 정신으로 그럴듯한 선택 기준을 설정한다고 해도 그다지 소용이 없습니다. 비참한 이별을 겪은 후에 '다시는 안 그래야지!' 하고 마음을 다잡더라도, 어느새 같은 패턴을 반복하고 있습니다. '머리로는 아는데, 내 마음이 내 뜻대로 안 돼요'가 바로 자신이 과거에 경험한 무의식적인 패턴에 사로잡혀 있다는 징후입니다.

너무 아픈 사랑은 사랑이 아님을

관계에서 발생하는 대다수의 문제는 자기와 타인의 경계border-line 지키기에서 비롯된다고 해도 과언이 아닙니다. 유연하고 튼튼한 경계가 있다면 타인과 때로는 가까운 거리에서,

때로는 먼 거리에서 영향을 주고받으며, 함께 또 따로 살아갈 수 있습니다. 그러나 너무 연약하고 불분명한 경계를 지닌 사람들은 타인의 침입으로부터 자신을 보호하지 못합니다. 싫은 걸 싫다고, 좋은 걸 좋다고 하기 어려워합니다. 또는 타인에게 막무가내로 자신의 뜻을 강요하거나 무례하게 대하고, 타인의 안녕을 침탈하는 행위에 무감각합니다.

표면적으로 정반대의 양상을 보이더라도, 극과 극은 통하기 마련이듯 이들은 본질적으로 불분명한 경계 문제를 공유하고 있습니다. 따라서 서로 절대 이해할 수 없는 철천지원수가 되거나, 강렬한 끌림으로 서로를 잡아당기며 사랑에 빠집니다. 그리고 증오와 사랑, 이 둘은 대부분 동전의 양면같이 붙어 있습니다. 한 사람이 두 가지 면을 동시에 지니기도 하고, 때에 따라 둘의 역할이 교체되기도 합니다.

흔히 자기중심적이고 무례한 사람과 자기 몫을 잘 지키지 못하는 사람이 만나 짝이 되고, 파괴적인 관계를 지속하는 것도 바로 이러한 경계 혼란의 연장선입니다. 가스라이팅으로 알려진 현상도 바로 이러한 경계 혼란의 단면이고요. 애정으로 엮인 관계는 일반적인 대인관계보다 물리적, 심리적 거리가 가까울 수밖에 없어, 이들의 경계 혼란은 더욱 치명적이고 폭발적인 형태로 영향력을 발휘합니다. 서로 상처를

　　　　　　　　　　　3. 내가 선택한 관계라도

주고받으며, 너와 내가 구분되지 않는 혼란의 대서사시가 펼쳐집니다. 겉으로 보기엔 한쪽이 일방적인 희생양으로 보이더라도, 관계 속을 들여다보면 불분명한 경계로 인해 서로서로 갉아먹는 경우가 흔합니다. 자신을 스스로 지키지 못하는 사람은 관계 속에서 자기 몫을 책임지지 못함으로써, 자신의 책임을 상대에게 전가하고 있는 셈이기도 하니까요.

이기심의 씨앗을 품고 있는 사람이 제 몫을 지키지 못하는 사람과 함께 있으면, 악인으로 변하는 건 시간문제입니다. 제 몫을 지키지 못하는 여린 마음이 이기심을 꽃피우는 토양 역할을 하는 셈입니다. 그러니 악연을 끊어 내기 위해서는 자기 마음의 소유권을 분명히 하는 수밖에 없습니다. "다 너를 위해서 그런 거지. 나 말고 너를 사랑할 사람이 있을 것 같아?"라는 도발에, "아니, 그건 나를 위한 게 아니야. 내가 믿는 사랑은 그런 게 아니야. 나는 이제 네 사랑이 필요 없어"라고 단호하게 말하는 것이 자신뿐만 아니라 상대를 위한 길이기도 합니다. 그러기 위해서는 자신을 갉아먹는 파괴적인 사랑에 대한 새로운 정의가 필요합니다. 너무 아픈 사랑은 사랑이 아님을 잊지 말아야 합니다.

사랑에도 기준이 필요하다

자기 스스로 관계에 어떠한 결핍이 있는 사람임을 인정하고, 비슷한 관계를 반복해왔다면, 사랑의 대상을 선택할 때 더욱 신중해야 합니다. 무조건 상대를 멀리하고 피하라는 뜻이 아니라, 누군가를 선택하기 전에 자신이 어떤 사람인지를 되돌아보는, 내성의 시간을 충분히 가져야 한다는 뜻입니다.

사람을 선택하는 기준이 외모, 학벌, 직업, 경제력 같은 가시적인 지표밖에 없다면, 혹은 상대가 나를 얼마나 좋아하는지, 나에게 얼마나 헌신적인지와 같이 상대의 의지에 달린 것뿐이라 생각한다면 질문의 방향을 외부에서 내부로, 타인에서 자신으로 돌릴 필요가 있습니다. 물론 이 경우도 외적인 것들과 타인의 의도가 덜 중요하다는 의미는 아닙니다. 지나치게 한쪽으로 쏠려 있던 기준의 균형점을 회복해야 한다는 뜻이고요.

나는 어떤 성격의 사람이고 어떤 가치를 추구하는지, 관계에서 내가 무엇을 할 수 있고 없는지, 관계에서 나는 무엇을 기대하고 포기할 수 있는지 같은 것들 말입니다. 물론 이 질문에 대한 답은 겪어보지 않으면 모르기 때문에, 막연한 생각만으로 답을 찾기에는 한계가 있습니다. 그러니 앞으로 다가올 관계에 무조건 방어적인 태도를 취하기보다, 이러한 질문에 답을 찾아가는 과정이라 생각하고 발걸음을 뗄 필요가 있습니다.

그렇게 하기로 마음먹었다면 스스로 안정감을 느낄 만한 적당한 거리에서, 상대가 어떤 사람인지 충분히 알아봐야 합니다. '상대가 나를 좋아해주니까', '빨리 답을 줘야 할 것 같으니까', '상처 주기 싫으니까', '거절하면 나를 떠날 것 같으니까', '이런 나를 좋아하다니 이해할 수가 없으니까', '나의 진짜 모습을 알면 실망할 것 같으니까', '어차피 결국에 헤어질 것 같으니까' 등의 이유로 떠밀리듯이 선택하거나 도망가서는 안 됩니다.

함께하면 즐겁고, 믿음이 가고, 같이 있으면 스스로 괜찮은 사람이라 느껴지고, 또한 더 괜찮은 사람이 되고 싶은지, 힘든 문제들도 같이 헤쳐나갈 수 있겠다 싶고, 상대의 저 정도 단점은 내가 감당할 수 있겠다는 확신이 드는지를 스스로 판단해야 합니다. 그리고 이것은 오롯이 자기 자신만이 할 수 있는 일입니다. 그러니 아무리 인터넷에 그 사람의 행동과 조건을 나열하며, '이 사람 만나도 될까요?'라고 물어도 뾰족한 답을 얻을 수는 없습니다. 제삼자가 접하는 정보는 평면적인 단편일 뿐이지만, 현실에서 내가 마주하는 사람은 그 모든 정보의 합보다 큰, 다층적인 면을 가진 입체적 인간이기 때문입니다. 그리고 그 사람이 자신에게 어떤 사람인지를 알려면, 먼저 자신이 어떤 사람인지에 대한 자기 감각을 지니고 있어야만 합니다.

만일 지금 당장 선택할 수 없다면 '저는 아직 시간이 필요해요. 조금 더 시간을 가지고 만나보면 좋겠어요'라고 말해야 합니다. 이렇게 자신의 목소리를 냈을 때, 상대에게 어떠한 답이 돌아오는지는 자신의 통제를 벗어난 영역이자 상대의 몫입니다. 만일 상대가 속도를 맞춰준다면, 둘은 꽤 괜찮은 인생의 춤을 추게 될 것입니다. 그러나 상대가 본인의 속도를 고집한다면, 둘은 많은 난관에 부딪히기 쉽겠죠.

상대의 반응을 보고, 그 이후에 내가 어떤 행동을 취할지는 다시 자신의 몫으로 돌아옵니다. 각자 자신의 몫을 다하며 서로 주고받는 과정을 통해 관계는 깊이를 더하고, 자신이 어떤 사람인지, 상대는 어떤 사람인지 선명해집니다. 물론 자신의 목소리를 낼 때는 상대가 거절할 수도 있고, 이대로 관계가 끝날 수도 있다는 가능성까지 염두에 둬야 합니다. 그러나 그렇게 관계가 끝이 나더라도 자신의 몫을 다함으로써 자기 자신을 긍정적으로 볼 수 있을 것입니다. 또한, 상대에게도 자유의지가 있음을 존중하게 될 것이고요.

3. 내가 선택한 관계라도

불행한 관계의 희생양이 되지 않는 법

물론 충분히 공을 들이고 신중하게 대상을 선택했으나, 그 판단이 잘못되었다는 결론에 이를 수도 있고, 선택을 번복할 수도 있습니다. 그런 순간에도 그 관계를 지속할지 끝낼지, 갈등을 그대로 덮어둘지 어떻게든 풀어갈지를 선택하는 것은 자신의 몫으로 남습니다. 사랑을 선택함으로써 변화하는 관계 속에서 자신과 상대에 관해 끊임없이 알아갈 책임과, 관계의 유지와 종결을 끊임없이 선택해야 할 책임을 짊어지게 되는 것입니다.

이를 외면하고, 과거 사랑에 집착하며, '어떻게 사랑이 변하니?'라고 원망해도 달라지는 것은 없습니다. 그러니 내가 통제할 수 없는 상대의 반응에 관심을 쏟기보다 관계 내에서 자신의 몫이 무엇이고, 어떻게 내 몫을 다 할 것인지를 우선순위에 둬야 불행한 관계의 희생양이 되는 것을 막을 수 있습니다.

자신의 몫을 다하지 못하면 자신의 선의는 늘 짓밟힐 것이며, 언제나 상처받는 위치에 놓이게 됩니다. '왜 나는 가만히 있는데, 나를 힘들게 하는 걸까?'라는 억울함이 치밀어오를 수도 있습니다만, 세상 모두가 이상적으로 굴러가는 낙원은 어디에도 없습니다. 현실에서는 다들 고만고만한 사람들이 옥신각신 부딪히며 살아갑니다. 세상 사람들은 각자 자신의 욕구대로 살아가는 와중에, 나는 나의 욕구를 인식하지도 못하고 산 채로 죽어 있으면 외부에서의 무례한 침입을 막아내기 힘든 게 당연할지도 모르겠습니다. 세상 사람들은 밟아도 꿈틀하지 않는 돌멩이를 무심히 밟고 갈 뿐이지, 의외로 나쁜 의도는 없을지도 모릅니다. 물론 밟고 지나가는 행동이 정당하다는 뜻이 아니라, 현실에 발을 붙이고 살아가려면 스스로 몸을 일으키고 움직여야만 한다는 것입니다.

자신을 무참히 짓밟고 지나간 상대를 '정말 쓰레기예요. 내 인생의 오점이에요'라고 결론 내리고 잊는 것은 책임과 자책을 줄이는 간편한 방식일 수 있습니다. 인간의 인지 체계는 단순 분명한 것을 선호하고, 완결성에 대한 욕구를 지니고 있습니다. 따라서 이분법적 판단은 정신적 에너지 소모를 덜어줍니다. 그러나 간편하게 결론 내리고 덮어버린 경험은 끊임없이 되살아나서 같은 선택을 반복하도록 자신을 몰아갑니다. 이분법적인 판단에는 진실의 단편들이 누락 되어, 현실의 경험들에 직면하면 자꾸 현실과 맞지 않는 틀로 세상을 왜곡하여 보게 되기 때문입니다.

"그의 그런 행동은 정말 나빴어요. 저는 정말 상처받았고요. 하지만 또 그런 면 때문에 그 사람을 사랑했던 거죠. 끌려다닌 데에는 제 책임도 없지는 않아요." 대상에 대한 미움과 사랑을 마음속에 온전히 담아내는 것은 훨씬 더 고통스럽고, 또 용기도 필요합니다. 하지만 장기적으로 봤을 때, 그 고통스러운 이야기는 진실을 아우르고 있습니다. 따라서 흑백보다는 회색 지대가 훨씬 넓은 현실을 있는 그대로 보게 하는 밑거름이 됩니다. 경험을 통해서 성장하게 되는 것입니다.

나를 마주해야만 보이는 진실

오이디푸스는 어쩌면 세상에서 가장 비극적인 사랑을 선택한 인물입니다. 테베의 왕과 왕비였던 오이디푸스의 부모는 '태어날 아들이 아버지를 죽이고 어머니와 결혼할 것'이라는 예언을 듣고, 오이디푸스를 내다 버립니다. 성인이 된 오이디푸스는 알 수 없는 운명의 힘에 이끌려 친부를 알아보지 못한 채 친부를 살해하고, 스핑크스의 수수께끼를 풀어 테베의 왕이 됩니다. 오이디푸스는 친모도 알아보지 못한 채 친모를 아내로 맞이하고, 그 대가로 테베에는 역병이 창궐합니다. 오이디푸스는 역병의 원인을 찾아 제거하기 위해 길을 떠나지요.

'오이디푸스 콤플렉스'로 널리 알려진 오이디푸스 신화는 단지 아들이 아버지를 죽이고, 어머니를 차지하는 패륜적인 근친상간 이야기가 아닙니다. 프로이트가 오이디푸스 신화를 정신분석의 주요 주제로 차용한 것은, 오이디푸스 신화 전체가 자신이 누구인지를 찾아가는 진실의 투쟁을 담고 있기 때문입니다.

오이디푸스의 친부는 새로 태어날 왕자에 의해 자신의 자리가 위협받을지도 모른다는 두려움을, 친모는 남편보다 아들을 더 사랑하게 될지도 모른다는 무의식적인 두려움을 외면했습니다. 그리하여 자신들의 두려움을 직시하지 않은 채 예언을 빌미로 오이디푸스를 버렸고, 결국 자신의 두려움을 실현하고야 말았습니다. 오이디푸스는 자신이 누구인지도 모른 채, 자신이 아비를 죽일 운명이라는 이야기에 두려움에 휩싸였습니다. 그리하여 두려움의 실체를 외면하고, 자신이 친부모라 굳게 믿었던 양부모를 해칠까 봐 그들을 떠남으로써, 비극의 여정을 시작하게 되었습니다.

오이디푸스와 그 부모는 가족이라는 가장 가까운 관계에서 벌어질 수 있는 질투와 시기, 원망과 분노를 억압한 것입니다. 인간이라면 당연히 가질 수 있는 마음인데, 자신의 마음속에 그러한 부정적인 감정들이 있다는 것을 인정할 수 없었던 것입니다.

모든 진실이 드러났을 때, 끝내 진실을 받아들일 수 없었던 친모이자 아내였던 이오카스테는 제 손으로 삶을 마쳤습니다. 생의 마지막 순간까지 있는 고통스런 현실을 직면하지 않기로 선택한 것입니다. 반면 오이디푸스는 진실을 외면하지 않습니다. 재판을 받게 된 오이디푸스를 위해 신들이 '이자는 신탁의 희생자일 뿐'이라고 변호해도 오이디푸스는 자신의 책임을 외면하지 않습니다. '아닙니다. 그것은 제가 한 일입니다'라며 자신의 몫을 받아들이고, 결국 말년의 평화를 찾고서 신의 부름을 받았다고 합니다.

한편, 오이디푸스가 그 유명한 '아침에는 네 발로, 점심에는 두 발로, 저녁에는 세 발로 걷는 것은?'이라는 스핑크스의 수수께끼를 풀 수 있었던 비밀은 오이디푸스 자신의 역사에 숨어 있습니다. 친부모로부터 버려질 때 발등에 못이 박힌 채 버려졌기 때문에, 일평생 흉터의 의미를 곱씹을 수밖에 없었기 때문입니다. 결국 오이디푸스는 세상이 자신에게 던진 질문의 답을 찾습니다. 바로 자기 자신에게서요. 그러고는 자신의 몫을 받아들임으로써 운명에 끌려가는 희생자가 아닌, 운명을 끌고 가는 주체로 거듭납니다.

만일 경험을 통해 자신이 어떤 사람인지를 배우지 못하고 자멸적인 관계를 반복 중이라면, 사실 관계에서 오는 상처와 고통을 회피하고 있는 것일지도 모릅니다. 그 관계에서 힘들었던 것은 분명하지만, 마음 한 켠에 '이번엔 다를 거야', '저 사람이 달라졌을 수도 있잖아' 같은 신기루같은 희망에 매달리며, 비극이 예정된 시나리오를 답습하는 셈입니다.

　그 소망과 환상은 과거 한때에는 자신을 살린 안전장치 역할도 했어서, 그것들을 내려놓는 데에는 엄청난 공포와 상실감이 뒤따릅니다. 고통이 가득한 현실에서 그런 희망과 기대마저 없다면 살아갈 의미를 찾기 어려울 것이기 때문입니다. 그러나 그 공포와 상실을 온전히 느끼며 자신의 책임을 받아들일 때만 인생이라는 책의 새로운 장으로 넘어갈 수 있을 것입니다.

사랑도 길어야 3년이라는데, 권태

사랑의 유효기간은 3년?

사랑의 유효기간이 길어야 3년이라는 말을 들어본 적이 있을 것입니다. 아마도 이 유효기간은 사랑에 빠졌을 때 분비되는 도파민이나 페닐에틸아민 같은 신경전달물질의 분비 시효에 근거한 기간일 것입니다. 아무리 열정적으로 사랑하는 사이라도 2~3년쯤 관계를 지속하다 보면 권태가 찾아오고, 다른 매력적인 대상이 슬슬 눈에 들어오기 시작합니다. 콩깍지가 벗겨지는 시기가 되면 상대의 못난 점이 유난히 두드러져 보이고, 인내와 관용은 바닥을 드러냅니다.

결혼하지 않은 사이라면 이쯤에서 안녕을 고하고 각자의 길을 가는 선택지도 있겠지만, 결혼한 사이라면 의무적인 역할에 충실하며 서로를 가구나 짐짝같이 여기며 데면데면하면서 지내거나, 일상의 권태를 틈입하는 유혹을 견디지 못하고 '부부의 세계'를 연출할지도 모르지요.

그러나 모든 사랑이 짧은 환희의 순간 뒤에 따르는 속박과 후회로 끝나는 건 아닙니다. 생물학적인 유기체로서 인간도 호르몬의 노예임을 부정할 수는 없겠지만, 사랑이 단지 무모한 열정이나 성적인 쾌락의 동의어는 아닐 것입니다. 그렇다면, 쾌락의 호르몬 작용이 다한 사랑은 과연 어디로 가는 걸까요?

손을 꼭 맞잡고 느린 걸음으로 서로를 끌어주던 노부부를 바라보며, 그들이 지나온 세월 속에 쌓아 올린 것은 무엇인지 문득 궁금해졌습니다. 사랑의 선택에 책임이 따르듯, 사랑의 지속에도 자신의 민낯을 마주하는 용기와 책임이 따르기 마련입니다.

정신분석학자 오토 컨버그Otto F. Kernberg에 따르면, 사랑은 대체로 성적 흥분에서 시작해 성애적인 열망을 거쳐 성숙한 성적 사랑으로 접어드는 과정을 거친다고 합니다. 성숙한 성적 사랑은 성, 정서, 가치의 영역에서 책임과 유대감, 헌신이 있어야 합니다.

성숙의 관점으로 보자면, 인격의 성숙이 단순히 나이만

먹는다고 되지 않듯 성적 성숙도 그저 주어지는 것이 아닙니다. 누군가를 만나 사랑에 빠지는 것이 자동반사적인 반응에 의존하는 반면, 그 사랑을 지키고 관계가 깊어지는 것은 상당 부분 의식적인 노력과 성찰, 그리고 자신의 경계를 유지하면서도 타인과 연결될 수 있는 심리적인 기반을 필요로 합니다.

이러한 기반이 튼튼하지 못한 경우, 사랑은 대체로 시간의 흐름에 따라 최고점에서 시작해 갈수록 우하향하는 2차원 그래프로 나타납니다. 어쩌면 상대는 자신의 안중에 들어온 적도 없고, 상대를 관찰할 만한 여유도 없었을지 모릅니다. 그들의 내면세계에서 사랑은 빛나는 설렘으로 시작해, 날이 갈수록 상대에 대한 실망과 회복 불가한 자존감의 상처로 점철됩니다.

반면 성숙한 사랑의 역량을 지닌 사람들은 각자 개인의 중심축을 기준으로 나선형의 동심원을 그려나갑니다. 시간의 흐름과 함께 그 동심원은 점차 넓어지고 깊어지는 3차원의 형태로 발전하고, 두 개의 동심원은 때로는 더 가까이 때로는 더 멀어지는 변주를 계속하며, 공유된 가치에 기반한 하나의 우주를 창조합니다.

따로 또 같이 존재하기 위하여

흔히 사랑의 전제 조건을 이야기할 때, '혼자서 자립할 수 있어야 둘이서 함께할 수 있다'라고들 합니다. 이 말에는 사랑의 본질적인 모순이 담겨 있습니다. 즉 사랑을 지켜나가기 위해서 한편으로는 개인의 분리성에 대한 자각과 굳건한 자기 경계가 있어야 하고, 다른 한편으로는 사랑하는 대상과 일체감을 느끼는 초월성이 있어야 합니다.

성숙한 사랑에서 필요로 하는 분리성과 초월성의 공존 역량은 유아의 심리적 탄생 과정과 같습니다. 대상관계 심리학자인 마가렛 말러Margaret S. Mahle는 유아의 심리적 탄생 과정을 양육자와의 공생 경험과 분리 개별화 단계로 설명합니다. 이 이론에 따르면 신생아는 생후 2개월 정도까지 외부 세계에 관심을 보이지 않는 정상적 자폐 단계에 있습니다.

이후 어렴풋이 외부 세계를 자각하기 시작하는데, 이 무렵 유아는 엄마와 자신을 마치 하나의 몸처럼 인식하는 공생기 단계를 거칩니다. 엄마와 자신을 구분하지 못하며, 엄마는 항상 즉각적으로 나의 욕구를 채워주는 대상으로 여깁니다. 배가 고프면 먹여주고, 울면 안아서 다독여주고, 배변하면 기저귀를 갈아주는 존재이지요.

생후 4~5개월이 되면, 유아는 차츰 엄마와 구분되는 존재로 자신을 인식하며 분리와 개별화의 과정을 밟습니다. 분리는 어머니와의 공생적 융합에서 서서히 벗어남을, 개별화는 자신의 개인적 특성들을 갖춰감을 뜻합니다.

이 무렵 유아는 자신이 아무리 목놓아 울어도 엄마가 즉각적으로 달려오지 않을 때가 있음을 경험합니다. 엄마는 나의 요구에 완벽하게 부응하는 대상으로만 존재하지 않습니다. 때로는 나를 향해 웃어주고, 때로는 화를 내고, 때로는 내게서 떨어지기도 하고, 다시 돌아오기도 하는 존재임을 깨닫습니다. 이러한 과정이 생후 약 2년 동안 진행되는데, 혹자는 이 시점이 바로 인간의 근원적인 불안과 존재론적 외로움이 시작되는 시기라고도 합니다.

더 이상 한 몸처럼 나를 사랑해주고, 즉각적으로 나의 욕구에 반응해주던 엄마라는 절대적 대상은 존재하지 않는 것입니다. 그러나 이러한 깨달음이 슬프기만 한 것은 아닙니다. 나와 대상을 구분하기 시작하며 스스로 세상을 탐색하고 조작할 수 있다는 자율성을 습득하고, '따로 또 같이' 존재하는 능력을 배우게 되니까요.

또한, 이러한 분리-개별화의 과정에서 자기와 타인에 대한 통합적인 표상을 갖추게 됩니다. 나와 엄마가 별개의 존재라는 인식은 엄마의 사랑과 관심을 받는 자신의 좋은 모습, 그리고 때로는 엄마에게 꾸중 듣는 자신의 나쁜 모습을 모두 자신의 일부로 통합하는 전제 조건이 됩니다. 마찬가지로 다정하고 친절한 엄마의 모습과 무섭고 실망스러운 엄마의 모습을 통합함으로써, 타인을 전체적인 한 인간으로 볼수 있는 관점을 형성합니다.

성인기의 사랑도 위와 같은 유아의 심리적 탄생 과정을 재현합니다. 초반의 꿀 떨어지는 공생 단계를 지나면, 점차 상대가 내 마음 같지 않다는 인식이 찾아옵니다. 오랜 시간을 함께하고 상대에 대해 더 많이 알게 될수록, 좋기만 했던 감정들은 나쁜 감정들과 뒤섞이며 '내가 알던 사람이 이 사람이 맞나' 싶은 낯선 감정이 찾아옵니다. 사랑이라는 관계성에는 대상과 공생적인 융합을 이루고자 하는 욕구와 대상과의 차이를 분명히 하려는 욕구가 공존하며, 사랑하는 두 사람은 자신과 상대의 좋은 측면과 나쁜 측면을 통합해야 하는 시험대에 오릅니다.

이러한 양가적인 욕구와 감정을 견뎌내는 것, 그리하여 상대를 나와는 다른 별개의 존재로 존중하면서도, 대상에 대한 사랑과 미움을 함께 간직하는 것이 곧 사랑을 지탱하는 역량이라 할 수 있겠습니다.

자신도 제대로 사랑하지 못하는 사람

이러한 사랑의 역량이 심각하게 결핍된 사람들을 칭하는 정신병리가 바로 자기애성 성격장애Narcissistic Personality Disorder입니다. 이들은 과장된 자존감을 보이고, 끝없이 성공과 권력을 탐하며, 공감이 결여된 착취적인 대인관계가 특징입니다. 자신의 기준으로 인간의 가치를 서열화하고, 자신의 우월성을 증명하기 위해 타인을 깎아내립니다.

정신역동적 관점에서 이들의 심리적 세계는 한마디로 '누군가를 사랑하는 능력의 부재'로 요약될 수 있습니다. 그리고 우리가 사는 세상에는 병리적인 수준까지는 아니되, 자기애적인 특성을 띠는 사람이 다양한 스펙트럼 상에 무수히 존재합니다. 현대사회가 전체적으로 점차 자기애적 성향을 권장하고 강화하는 방향으로 나아가면서, 사랑의 의미가 퇴색해가는 것도 같습니다.

자기애성 성격장애의 기원이 된 나르키소스 신화에서 나르키소스는 연못에 비친 자기의 아름다운 모습에 도취해 식음을 전폐하고, 연못만 하염없이 바라보다 그곳에 빠져 죽고 맙니다. 언뜻 '자기애'가 자신에 대한 과도한 사랑이나 근거 없는 자신감을 뜻하는 용어로 오해될 소지가 있지만, 반데르 발스ven der Waals에 의하면, 자기애적 병리가 심한 사람은 '자기만을 사랑하고 아무도 사랑하지 않는 것이 아니라, 자신도 제대로 사랑하지 못하는 사람'입니다.

나르키소스는 연못에 비친 자기의 아름다운 얼굴을 쳐다 보느라, 자신의 다른 측면에는 주의를 기울일 여력이 없었습니다. 반사된 얼굴을 계속해서 쳐다보는 것은 자기의 아름다움에 감탄하는 것이기도 하지만, 그 이면에는 끊임없이 확인하지 않으면 견딜 수 없는, 자기가 사라질지도 모른다는 공포가 서려 있습니다.

또한, 인간으로서의 불완전함을 견딜 수 없어 끊임없이 자신을 비춰보면서, 어딘가에 존재할지도 모를 흠결을 찾습니다. 그러는 동안 연못에 비치는 자기 얼굴의 아름다움 외에 다른 인간적인 속성들은 연못 밖으로 튕겨나가고 있는 셈입니다.

심리적 에너지가 온통 자신에게 집중되어 있으니, 연못 밖에 존재하는 타인에게 기울일 관심이란 한 톨도 남아 있지 않습니다. 나르시시스트에게 타인이란, 연못 바깥으로 튕겨나간 자신의 일부, 즉 받아들이기 힘든 자신의 측면들을 투사하고, 자신의 욕구 충족에 봉사하는 도구적 대상으로만 기능합니다.

데이비드 핀처 감독의 영화 〈나를 찾아줘〉를 보면, 사랑의 능력이 부재한 남녀의 뒤틀린 사랑을 볼 수 있습니다. 이 영화는 결혼 5주년 기념일에 감쪽같이 사라진 에이미와, 그녀의 살해범으로 몰린 남편 닉을 둘러싼 실종 사건의 전말을 그립니다. 영화는 외도하는 남편에게 복수하고자 무서운 자작극을 꾸민 에이미에게 초점이 맞춰지면서, 그녀가 자신의 욕구 충족을 위해 살인을 불사하는 미치광이임을 부각하고 있습니다.

그러나 자신의 파트너를 한 인간으로 존중하지 못한 것은 남편 닉도 마찬가지입니다. 영화 속 닉의 대인관계를 살펴보면, 그가 자신의 필요와 욕구에 따라 상대의 특정 부분과만 관계를 맺는, 파편화된 대상관계를 형성한단 걸 알 수 있습니다. 그는 부유한 집안에 하버드 출신 미녀인 에이미를 만나 사랑에 빠져 세간의 부러움을 사며 결혼에 골인하지만, 시간이 지날수록 에이미에게 질려갑니다. 결혼 전 그가 사랑했던 에이미는 그의 환상을 충족시켜주는 이상적인 여성이었지만, 그는 그녀의 실체에는 관심이 없었습니다.

사실 에이미는 나르시시스트 부모 아래 성장하며, 나르시시스트로 길러진 정서적 불구였습니다. 그녀는 그녀의 부모가 쓴 동화 '어메이징 에이미'의 주인공으로서, 부모와 사회의 기대에 짓눌린 채 평생 자신을 속이며 연기하는 삶을 살아온 것입니다.

닉이 진정으로 그녀가 어떤 사람인지 볼 수 있었다면, 그녀의 공허한 내면세계와 온통 타인에게 주파수가 맞춰진 파괴적인 욕구를 알아차릴 수 있었을 것입니다. 닉이 에이미를 진정으로 사랑하여 그녀의 어두운 부분까지 그녀의 일부로 끌어안기로 마음을 먹었다면, 그는 그녀와의 결혼을 단순히 천국행 특급열차나 인생의 로또로 치부하지 않았을 것입니다. 그러나 닉에게 필요한 것은 에이미의 화려하고 빛나는 모습들뿐이었고, 에이미의 어둡고 취약한 측면들은 전혀 그의 관심사가 아니었습니다. 닉은 에이미를 화려한 트로피로 여긴 것입니다.

한편, 닉의 쌍둥이 여동생인 마고는 그의 또 다른 분신입니다. 마고는 한결같이 닉의 이야기를 들어주고 지지해주는 심리적 위안처입니다. 마고는 닉이 어려움에 부닥칠 때마다 하소연을 털어놓을 수 있는 상담자이자, 그를 연민하고 지켜주는 어머니의 역할을 부여받았습니다. 마고가 개인적으로 어떠한 사람이고, 어떠한 욕구를 지닌 사람인지는 닉에게 전혀 중요한 사안이 아닙니다. 일방적으로 자신의 고민을 털어놓고 위안을 구하는 대상일 뿐이죠.

그리고 그에게는 이 모든 사건의 발단이 된 외도의 대상인 여대생이 있습니다. 자신의 수업을 수강했던 어린 여학생은 에이미와 달리 자신을 우러러봅니다. 그녀는 젊고 생기 넘치며, 성적으로 너무도 매력적입니다. 닉은 그녀로서 아내와의 관계에서 퇴색해버린 낭만적인 사랑에 대한 환상과 욕구를 채우고자 합니다. 이처럼 닉에게 타인은 자신의 욕구를 채우는 도구로만 존재합니다.

그가 에이미를, 마고를, 여대생을 한 인간으로 볼 수 있었다면, 자신의 선택과 행동이 그들에게 줄 상처를 예상할 수 있었을 것입니다. 그러나 죄책감은 자신이 타인을 아프게 했다는 자각에서 비롯되는 감정인 만큼, 사랑의 능력이 결여된 자들에게는 죄책감도 결여되어 있습니다. 사랑이 결여된 외도는 기존의 관계에서 채워지지 않는 욕구를 관계 외부에서 채우고자 하는 시도입니다. 즉 자신과 타인을 온전한 인간으로 바라보기 힘든, 파편화된 대상관계의 단면을 반영하는 셈입니다.

결국 에이미와 닉의 부부 관계는 세월의 흐름에 따라 서로를 이해하며 깊어지는 것이 아니라, 서로가 자신의 필요와 요구에 따라 상대를 조종하고 착취하는 관계입니다. 과연 둘 중 누가 이 관계에 책임이 더 크다고 할 수 있으며, 누가 그 관계의 희생자라고 할 수 있을까요? 아마도 영화의 등장인물 중 가장 비극적인 운명을 짊어질 희생자는 둘 사이에 태어난 아기가 될 가능성이 큽니다.

어떤 사랑에도 끝은 있지만

모든 관계가 완벽할 수 없듯이, 오래된 커플에게는 서로의 부족함과 채워지지 않는 욕구들이 시시각각 떠오를 수밖에 없습니다. 때로는 매력적인 타인에게 관심이 가고, 상대에 대한 사랑이 완전히 식어서 관계를 끝내는 것도 당연히 발생할 수 있는 사랑의 한 측면입니다. 그러나 결혼 제도를 떼어놓고 개인적인 측면에서 보자면, 누군가를 사랑하고 그 사랑을 지켜가는 것이 단순히 도덕적인 의무와 책임을 다하는 것만을 의미하지 않습니다.

심리학자 칼 융의 계승자인 폰 프란츠Marie-Louise von Franz는 정절을 '상대방의 본질에 대한 근본적인 충성심', '상대의 가장 깊은 속마음을 위태롭게 하지 않는 충성심'이라고 정의했습니다. 상대의 본질에 충성하고자 한다면 상대의 본질이 무엇인지 있는 그대로 보고, 그가 어떤 사람인지를 알고자 하는 관심의 끈을 지속적으로 유지해야 합니다. 그리고 이러한 충성은 자신이 어떤 자유를 취하거나, 상대로 하여금 자유를 누리게 떠나보내는 것을 배제하지 않는다고 보았습니다.

결국 사랑은 자유로운 개인과 개인이 만나, 각자 자기의 세계를 구축해가는 과정에서 함께 길을 가게 된 여정의 일부라고 할 수 있겠습니다.

자기 자신이 되는 것이 일평생에 걸친 변화와 성장의 과정이듯, 누군가를 진심으로 사랑하고 그 사랑을 지키는 것 또한 역동적인 흐름의 일부일 뿐, 결승점이 정해진 레이스는 아닐 것입니다. 사랑을 지켜내기 위해 필요한 것은 매 순간의 전력 질주가 아니라, 흘러가는 삶의 궤도에서 우리의 관계가 어떻게 변화해나가는지를 느긋하게 지켜보는 자세일지도 모르겠습니다. 또한, 이별이든 죽음이든 모든 사랑에는 끝이 있습니다. 그러나 아이러니하게도 우리는 모두 다르고, 또 모든 사랑은 끝을 맞이한다는 유한성을 인식할 때에 사랑은 더욱 공고해지기도 합니다.

있는 그대로의 당신을 사랑하려고, 수용

사랑은 모순투성이

그간의 이야기를 통해 우리는 사랑의 본질적 모순에 대해 살펴보았습니다. 즉 사랑을 가꾸어가는 것이 곧 분리성과 합일성의 공존을 인정하고, 애정과 증오로 얼룩진 양가감정을 견디며, 자신과 상대의 좋고 나쁜 모습을 통합해내는 과정이라는 점이지요. 사랑의 실체가 그러하다면, 누군가를 사랑한다는 것은 모순으로 가득한 현실에 발을 딛고 서는 것과 다름없을 것입니다. 불타는 로맨스가 성숙한 사랑으로 발전하는 데에는 이처럼 반드시 불완전하고 복잡한 현실로의 진입이 요구됩니다. 그리고 비현실적인 환상이 깨지고 현실에 직면할 때의 충격을 흡수하는 안전장치로서 건강한 내적 표상을 마음속에 지니고 있어야 합니다.

'상대방의 본질에 대한 근본적인 충성심'은 상대방의 본질을 있는 그대로 존중하고 신뢰한다는 의미입니다. 그러나 있는 그대로 누군가를 사랑하기란 얼마나 어려운 일인가요. 사랑하는 관계를 둘러싼 수많은 모순적 경험 중에는 수용과 변화의 모순이 있습니다. 있는 그대로 사랑을 주고받고 싶은 욕구가 있지만, 다른 한편으로는 이 관계를 통해 내가 아닌 더 멋진 사람으로 거듭나거나, 상대가 내가 원하는 판타지 속 왕자나 공주가 되기를 바라는 욕구가 함께 꿈틀거립니다.

로맨스는 여기까지

사랑은 투사에서 시작됩니다. 사랑에 빠진 두 사람은 각자의 무의식에 깃든 결핍과 환상의 이미지를 서로에게 투사합니다. 그러한 투사가 벌어지지 않으면, 애당초 서로 매력을 느낀다거나 끌어당기는 일도 없을 것입니다. 그러니 사랑에 빠지면 상대를 있는 그대로 보지 못하는 것은 자연스럽습니다. 사랑에 빠진 뇌는 미친 사람의 뇌와 비슷하다는 말도 그러한 선상에서 나온 말입니다. 그러나 불행인지 다행인지, 이 광적인 정신 작용은 점차 현실감을 회복합니다. 불타오르는 열정이 잦아들고 콩깍지가 벗겨지면, 서로의 실체가 눈에 보이기 시작합니다. 투사가 걷힌 후에는 우리의 소망과 다른 실체가 드러납니다.

처음에 우리는 애써 그 실체를 부인하려 합니다. 자신의 공상적 소망에 부합하는 모습으로 상대를 붙들어두고 싶습니다. '요즘 바쁘고 피곤하니까', '그동안 해야 할 일들을 너무 내팽개쳐왔으니까' 등등의 핑계를 만들며 달라진 공기의 흐름을 외면합니다. 이 관계가 복잡하고 구질구질한 현실로 진입하는 병목에 이르렀음을 인정하지 못하고, 잠깐의 비구름이 지나가면 설렘과 행복이 가득하던 과거로 돌아가리라 믿고 싶습니다. 찬란했던 한때의 기억이 현실의 고난을 버텨낼 힘이 되긴 하지만, 근심 걱정 없던 유년기도 한때이듯 관계도 그 본연의 발달 단계를 밟아나가야 합니다

지나간 과거의 로맨스를 되찾고 싶은 쪽은, 상대에게 더 많은 헌신과 노력을 요구합니다. '나를 사랑한다면 이 정도 노력은 해야 하는 것이 아니냐' 주장합니다. 여전히 자신이 투사했던 그 환상의 이미지를 부여잡으며, 상대를 그 틀에 가두려 합니다. 애초에 자신이 보았던 상대의 모습이 상대의 전부는 아니었음을, 자신이 보고 싶은 일면을 최대한 부풀리고 확대했었음을 인정하기 어렵습니다.

로맨스의 종결과 함께 이전의 내 삶을 되찾고 싶은 쪽은

상대의 요구가 점점 부담스러워지고 사랑의 효용에 의구심을 가지게 됩니다. '사랑 타령만 하고 있으면 밥이 나오는지, 돈이 나오는지 모르겠고, 나의 사생활은 어딨냐' 목청을 높이죠. '나를 사랑한다면 있는 그대로의 모습을 인정해야지, 나는 원래 이렇게 생겨 먹었어'라며 왜 내가 줄 수 있는 것보다 많은 것을 요구하는지 답답해합니다.

이들에게도 환상이 있습니다. 내가 챙겨주지 않아도 상대는 혼자서 잘 살다가, 내가 필요할 때는 언제든 내 곁에 있어주면 좋을 것 같습니다. 내가 무엇을 하든 무한한 자유를 허용해주고 사랑해주는 이상적인 부모의 모습을 연인에게 기대하는 것입니다.

우리는 너무 달라

위의 예시는 커플이 불화를 겪는 대표적인 주제, 친밀감과 거리감의 갈등입니다. 친밀감을 더 원하는 쪽은 더 많은 관심과 사랑을 요구하고, 적당한 거리감을 원하는 쪽은 더 멀리 달아납니다.

⟨나를⟩ 사랑한다면…

⟨내가⟩ 원하는 것을 주어야 한다.

vs. ⟨내가⟩ 원하는 대로 내버려두어야 한다.

둘 다 일견 타당한 이야기이면서, 둘 다 사랑의 일면만을 담고 있기도 합니다. 상대가 자신에게 주어야 할 합당한 의무를 얘기하지만 정작 자신이 상대에게 무엇을 줄지, 이 관계에서 내 몫이 무엇인지는 살피지 않고 있습니다. 서로 빚쟁이처럼 받을 것만 있다는 듯, 상대를 비난하며 마음의 빚을 지우기에 바쁩니다.

자기 욕구에 따라 진실을 편집하고, 자기 논리를 만들고 강화하며, 상대에게 이기적이라는 딱지를 붙입니다. 사랑으로 엮인 미성숙한 관계에서 두 사람은 사랑을 요구하는 역할과 도망가는 역할의 양극을 오갑니다. 그러다가 서로의 이기심에 질려 기존의 관계를 끝내고 새로운 관계를 시작하면, 전자와 후자의 입장이 뒤바뀌는 일도 벌어지곤 합니다. 그리고 또 새로운 사랑을 찾아 나서게 되겠지요.

각자가 어떠한 입장이건 간에, 낭만적인 로맨스의 종말 시점에 우리는 명백한 현실을 직시하게 됩니다. 우리는 서로 너무 다르다는 것입니다. 결국 사랑에 빠졌던 그 이유가 헤어짐의 원인이 되기도 합니다. 서로 달라서 끌렸지만, 결국 서로 달라서 헤어지는 것이죠. 하지만 이 세상에 나와 완전히 같은 사람은 존재하지 않습니다. 같은 생각, 같은 가치관, 같은 생활 패턴, 같은 매력도를 가진 두 사람이 있다고 한

3. 내가 선택한 관계라도

들, 그 둘이 영원히 사랑할 수 있을까요? 나와 완전히 똑같은 도플갱어가 눈앞에 나타난다면, 거리낌 없이 사랑에 빠질 수 있을까요?

　나르키소스가 자기 자신에게 도취되어 파멸했듯, 자신과 똑 닮은 쌍둥이 상을 사랑의 대상으로 고집하는 것도 이러한 파멸의 전주곡일 뿐입니다. 서로의 다름을 거부하는 것, 자신이 만들어 놓은 환상에 부합하는 모습만을 취사선택하는 것, 그것이 바로 사랑을 파멸로 이끄는 자기애적인 욕구임을 인정하지 않는다면, 사랑의 상처만 늘어갈 뿐입니다. 나르시시스트가 자신의 취약한 자존감을 보전하기 위해 자기 외모를 비출 거울만 찾아 헤맨 것처럼, 미성숙한 인격은 타자성을 극복하기 어렵습니다.

수용은 참고 견디는 것이 아니다

사랑이 로맨스의 종말로 끝나버리는 판타지가 아니라, 성숙한 관계로 거듭나기 위해서는 무엇이 필요한 걸까요? 진정한 사랑이 '본질에 대한 근본적인 충성', 즉 각자 자신의 본질을 긍정하고 자기 자신이 되는 것을 허용해주는 것이라면, 이에 요구되는 덕목은 수용acceptance이라 할 수 있습니다. '상대를 있는 그대로 인정해라', '사람은 고쳐 쓰는 게 아니다' 같은 말처럼요. 그러나 이를 실천하기란 역시 어려우니 대개 비슷한 패턴의 갈등을 반복하며 고통스러운 관계를 지속합니다. 상대를 있는 그대로 인정하자고 다짐했다가도 '상대를 있는 그대로 받아들이지 못하는 것이 나의 이기심 때문인가?' 자문하다가, '이렇게 괴로울 거라면 뭐 하러 이 관계를 지속해야 하는 거지?' 하는 회의에 빠지는 것입니다.

그러나 수용은 인고忍苦와는 다릅니다. 상대를 있는 그대로 인정한다는 게 곧 관계에 대한 모든 기대와 희망을 접고, 상대의 요구에 순응하거나 체념한다는 뜻은 아닙니다. 이러한 부정적인 경험을 견뎌내는 것은 심리학에서 고통감내력distress tolerance이라 합니다. 고통을 감내하는 정도는 적당하면 좋지만, 과하면 심신을 병들게 하는 요소가 됩니다. 자신에게 해를 끼칠 정도로 고통을 견디는 것은 '고통과잉감내력'이라고 하는데, 과도하게 고통을 참는 것은 완벽주의와 부정적인 평가에 대한 두려움이 만들어낸 산물입니다. 다른 사람에게 못난 모습을 보이고 싶지 않고, 자신의 기대에 미치지 못하는 좌절과 실패를 받아들이기가 어려운 것입니다.

수용은 인간으로서 자연스러운 모습을 받아들이는 것입니다. 고통을 지나치게 감내하는 것은 인간적인 한계를 부인하는 것입니다. 또 타인의 목소리에 휘둘리는 삶은 수용과

거리가 멉니다. 그러니 혹시 견디기 힘든 고통을 꾹꾹 참고 있다면, 과연 이게 누구를 위한 것인지 돌아봐야 합니다. 나하나만 참아서 주변 모두 행복할 것 같다면, 자기 인생을 담보로 남 인생의 빚을 갚아주려는 셈입니다.

사랑하는 관계에서는 분명 어느 정도의 인내가 필요합니다. 수용은 인내보다 포괄적인 개념이고, 따라서 인내보다더 많은 성찰과 의식적인 노력을 요구합니다. 하지만 단순히 고통을 참는 것과는 다른 방식의 노력이 필요합니다. 만일 관계를 개선하기 위한 노력이 소용없고 괴로움을 참기만해야 한다면, 그러한 관계는 놓아주는 것이 서로에게 이로울것입니다. 사랑이 각자 자신이 되도록 허용하는 자유를 배제하지 않듯, 수용도 이별이라는 결말을 배제하지 않습니다.

있는 그대로 받아들일 때 시작되는 변화

수용은 그 자체로 역설적인 개념입니다. 수용의 한 축을 이루는 구성 요소는 '통제 시도를 내려놓는 것'이고, 다른 한 축은 '나아가는 것'입니다. 유기체로서 인간은 흘러갈 수밖에 없고, 그 자연스러운 흐름은 역행할 수 없습니다. 다만, 흐름의 방향을 정할 수는 있죠. 치료의 관점에서 심리적 수용이란, 부정적인 생각이나 감정을 회피하거나 통제하려는 시도를 내려놓고, 자신이 추구하는 가치를 향해 나아가는 것입니다. 부정적인 생각과 감정을 내 안에서 지워버리고 싶다고 해서 당장 사라지지는 않습니다. 오히려 그 존재를 부정하고 회피할수록, 부정적인 생각과 감정에 휘둘리게 됩니다.

그러니 우울하고 불안하다고 해서 그것을 없애려고 하기보다, 그것들을 자신의 일부로 느끼면서도 자신의 삶을 살아가야 합니다. '우울해서 아무것도 못 하겠어!'가 아니라, '나는 지금 우울해. 그리고 지금 내가 할 수 있는 일을 하자'

과연 우울한 상태에서 이런 시도가 가능할지 의심스러울 것입니다. 그러나 내 안의 우울함을 받아들이면, 그것을 회피하기 위해 들여왔던 에너지를 내가 원하는 곳에 쓸 수 있게 됩니다. 내가 좀 우울하다고 해서 내가 아주 보잘것없는 인간도 아니고, 지금 우울하다고 해서 인생을 전부 망치는 것도 아닙니다. 우울한 생각과 감정도 나를 구성하는 일부일 뿐, 나의 전체가 아닙니다.

마찬가지로 커플에게도 수용이 필요합니다. 상대를 자신이 원하는 이상적인 모습으로 뜯어고치려는 시도를 멈추면, 오히려 더욱 친밀하고 성숙한 관계로 도약할 수 있는 에너지가 생겨납니다. 그동안 상대를 바꾸려던 에너지를 두 사람이 함께 행복해지는 방향으로 쏟을 수 있게 되는 것입니다.

비난 대신 우리를 위한 길을 선택하기

수용의 관점에서 보자면, 앞에서 살펴본 두 사람은 둘 다 상대를 자신이 원하는 모습으로 통제하려는 욕구에서 자유롭지 못합니다. 더 큰 친밀감을 요구하는 쪽과 적당한 거리감을 유지하려는 쪽 모두 상대에게 희생을 강요하는 셈입니다. 이러한 관계에서 두 사람은 스스로 부족하고 볼품없는 사람으로 느껴집니다. 상대를 비난할수록 그 비난이 결국 자기 자신에게 되돌아오기 때문입니다.

'너는 왜 그 정도밖에 안 되니?' 하고 비난할 때, '나는 그 정도밖에 안 되는 사람의 사랑도 받지 못하는 인간'이 되는 것입니다. 사랑을 권력관계로만 치환하는 사람들은 엉뚱한 곳에서 답을 찾으려고 합니다. 이를테면 '내가 더 예쁘고 잘났더라면, 네가 나를 이렇게 대했겠니?' 내가 가지지 못한 그 어떤 다른 모습으로, 더 잘난 내가 되어야 사랑받을 것이라고 여깁니다. 상대를 있는 그대로 수용하지 못했듯, 자신을 있는 그대로 받아들이기를 거부하는 것입니다.

수용한다는 것은 변화를 위해 노력하지 않아도 된다는 의미가 아닙니다. 에너지를 쏟을 방향을 재조정해야 한다는 의미에 가깝습니다. 즉 상대를 내가 원하는 모습으로 변화시키고자 들여왔던 에너지를 거두고, 그 에너지를 동력 삼아 우리의 관계를 개선하는 방향으로 나아가는 것입니다.

우리가 할 수 있는 일은 노력의 방향과 속도를 조절하는 것입니다. 불가능한 일과 무가치한 일에 노력을 쏟는 것만큼 허망한 일은 없고, 무엇이 가치 있는지 선택하고 속도를 맞춰가는 것은 온전히 두 사람에게 달린 일입니다.

"당신을 비난하고 싶지 않아요. 서로 잘잘못 그만 따지고, 뭐가 더 우리를 위한 길인지 생각해봐요." 내가 먼저 손을 내민다고 해서 손해 보는 일은 없습니다. 내가 만들어가는 관계 안에서 내 몫을 충실히 해내기로 선택한 것일 뿐이죠.

내가 바꿀 수 있는 것은 나 자신뿐

상대를 바꾸려는 노력을 내려놓기란 말처럼 쉽지 않습니다. '이것만 고치면 완벽한 사람이에요', '제발 나를 위해 이것만 좀 바꿔줄 수는 없겠니?' 하는 마음이 들 때, '이것'만 뺀 그 사람은 애시당초에 존재할 수가 없음을 인정해야 합니다. 다정함이 장점인 상대가 타인들에게도 다정해 내게 쏟을 에너지가 부족한 것은, 같은 뿌리에서 나온 그 사람의 고유한 속성입니다. 한쪽 가지는 그대로 둔 채 다른 쪽은 가지치기하고 싶어 하는 정원사는 그 생명체의 본질을 거부하고 있는 것입니다.

3. 내가 선택한 관계라도

게다가 우리 모두 결코 타인 인생의 정원사가 되기는커녕 자기 자신의 정원도 제대로 가꾸지 못하는 경우가 많습니다. 그런데도 사랑하는 사람을 두고는 상대의 정원을 손질해도 되는 권리를 양도받은 것처럼 대하곤 합니다. 하지만 자기 자신이 아닌 그 누구도 내 뜻대로 바꿀 수 없다는 것을 받아들이면, 다음 단계에서 던질 질문은 보다 명확해집니다. '상대가 변할 수 없음을 인정한다면, 그때 나는 무엇을 할 것인가?'

　관계를 끝내든 지속하든, 어떤 방향으로든 나아가야 한다는 사실에는 변함이 없습니다. 그리고 나아가는 길에는 과거의 어느 시점으로 되돌아간다는 선택지가 없습니다. 낭만적인 로맨스로 가득했던 환상의 세계로 돌아가지도 못하고, 서로 상처를 주고받지 않았던, 실망과 좌절이 존재하지 않았던 예전으로 돌아갈 수도 없습니다. 서로가 만난 적이 없던 것처럼, 완전한 남남이 될 수도 없지요.

　좋든 나쁘든 둘은 서로 만나서 영향을 주고받았고, 그 경험을 통해서 어떤 식으로든 달라졌습니다. 그 변화를 성장의 기회로 삼을 것인지, 퇴행의 역사로 기록할 것인지는 결국 자신에게 남겨진 몫이 됩니다.

깨진 그릇에 깃든 사랑의 역사

상대를 내 뜻대로 변화시키고자 하는 욕심을 내려놓고 관계를 지속하고자 선택한다면, 아마도 더 큰 용기가 필요할 것입니다. 깨진 그릇은 붙여도 소용이 없다고들 합니다. 관계의 균열을 깨끗이 제거하고, 행복했던 예전의 모습으로 돌아가는 시나리오는 존재하지 않을 것입니다. 그러나 그 균열과 흉터를 그대로 간직한 채로 새로운 결을 창조하고, 더 견고한 그릇을 빚어내려는 여정은 가능할 것입니다.

긴쓰쿠로이金繕い라는 공예 기법이 있습니다. 깨진 도자기를 이어 붙여서 새로운 작품으로 재탄생시키는 기법입니다. 재탄생한 그릇은 내가 원하던 모양이 아닐 수도 있고, 메울 수 없는 작은 틈이 존재할 수도 있습니다. 그러나 그것이 어쩌면 서로 다른 너와 내가 만나서 만들어낼 수 있는 최선이고, 끝끝내 메울 수 없는 그 틈 덕분에 이해와 노력의 여지가 생길지도 모릅니다. 깨진 뒤 메워진 금 사이에는 너와 나의 이야기가 녹아 있을 테니까요.

결국, 있는 그대로 사랑하는 것과 더 나은 사람이 되는 것은 양립 불가한 이야기가 아닙니다. 있는 그대로 사랑하고자 할 때, 바로 그 지점에서 더 깊은 관계로 나아가는 성장의 발걸음을 내딛을 수 있습니다. 있는 그대로 나와 상대를 사랑하고자 할 때, 내가 견딜 수 있는 틈이 어디까지인지를 스스로 선택하고, 견뎌낼 만한 가치가 있는 틈을 수긍할 수 있게 될 것입니다.

누군가가 싫은 데에는 이유가 있다, 미움

사랑과 미움은 한 끗 차이

사회생활을 하다 보면 유독 눈에 거슬리는 사람이 있기 마련입니다. 주는 것 없이 밉고, '도대체 저 사람은 왜 저러지?'라는 생각이 수시로 들게 만드는 사람들 말이죠. 심지어 이런 사람들이 매일 마주쳐야 하는 직장 상사나 동료라면, 아침이 두렵고 이대로 사라지고 싶은 충동마저 들 수도 있습니다. 일상생활에서 사람들과의 충돌, 대인관계에서 발생하는 갈등과 부정적 감정은 부인하기 어려운 스트레스 요인입니다.

누군가를 미워하는 마음은 사실 누군가를 좋아하는 마음만큼이나 강렬한 에너지입니다. 좋아하는 사람이 생기면 우리는 그 사람의 사소한 말과 행동에도 신경이 쓰이고, 그 사람이 없을 때도 항상 그 사람을 생각하곤 합니다. 작은 선의와 친절에도 의미를 부여하고, '혹시 나를 좋아하는 걸까?' 짐작하며 상상의 나래를 펼칩니다. 그 사람에 대해 말하고 싶은 욕구를 멈출 수 없어서 누구를 만나든 그 사람에 관한 이야기를 시시콜콜 풀어놓기도 합니다.

사랑에 빠진 사람이 티끌에서도 사랑하는 사람을 떠올리듯, 미움에 빠진 사람의 정신세계도 미워하는 대상에게 지배되고 있습니다. 극과 극은 통하는 것처럼, 미움에도 사랑만큼이나 상대에 대한 강렬한 관심과 욕구가 깃들어 있습니다. 아니 어쩌면, 증오는 누군가를 좋아하는 마음보다 훨씬 더 강렬하게 우리의 의식을 점령합니다.

누군가를 미워할 때 우리의 행동은 어떠한가요? 그 사람의 사소한 말과 행동에도 신경이 곤두서고, 잠자리에 누워서도 분을 삭이지 못해 밤잠을 설칩니다. 혹시나 그 사람에 대한 증오를 공유하는 사람이라도 만나면 이렇게 반가울 수가 없습니다. 적의 적은 친구니까, 단시간 내에 끈끈한 공감대를 형성하며 혐오의 동맹을 맺게 됩니다. 때로는 내가 싫어하는 사람의 악행과 재수 없음에 대해 성토하거나 뒷담화를 늘어놓고 싶은 욕구를 멈출 수 없습니다. 내가 미워하는 사람을 다른 사람들도 같이 미워하면 좋겠고, 누군가를 미워하는 나의 마음이 정당하다고 확인받고 싶습니다.

하지만 잠깐의 속 시원한 성토 뒤에는 '내가 너무 경솔했나?', '내가 누군가를 비난할 주제가 되나?', '다른 사람들도 내 흉을 보고 있지 않을까?' 같은 후회와 찜찜함이 뒤따르기도 합니다.

미움에는 내 몫이 있다

누군가를 미워하는 데에 그럴 만한 별도의 자격과 정당성이 필요한 것은 아닙니다. 사실 내가 누군가를 싫어하고 미워한다는 것을 인정하기 어려울수록, 그리하여 자신의 마음속에서 일어난 미움과 증오를 자신의 일부로 받아들이기 어려울수록 그 대상에게 휘둘릴 가능성이 큽니다. 미움을 담아낼 심리적 공간이 없어 자신의 마음에서 싹튼 미움을 미움의 대상 탓으로 돌리려 안간힘을 쏟게 되기 때문입니다.

그래서 상대의 작은 행동에도 악의적인 의미를 부여하고, '나를 왜 싫어하는 건지', '저 인간은 사람을 괴롭히는 데에서 희열을 얻는 건지' 등 뚜렷이 알 수 없는 상대의 정체와 의도를 파악하기 위해 때아닌 탐정 놀이를 하게 되기도 합니다. 심리학에서는 타인의 숨겨진 의도를 의심하고, 악의적인 의도를 추정하는 성향을 일컬어 편집성paranoia이라고 합니다.

이러한 편집적인 성향 중에서 타인에 의해 내가 피해를 보거나, 타인으로부터 괴롭힘을 당하고 있다고 여기는 것을 피해사고persecutory idea 라고 하고, 이러한 피해사고가 현실성이 심각하게 결여된 형태로 발전하면 피해망상persecutory delusion 이 됩니다.

정도의 차이는 있으나, 처음 편집성이 발현할 때는 그럴 듯한 이유나 스트레스가 존재하는 경우가 많습니다. 실제로 왕따를 당했거나 누군가로부터 괴롭힘, 배신을 당한 경험이 있다면, 자라 보고 놀란 가슴 솥뚜껑 보고 놀라는 심정이 되어 아주 작은 단서에도 촉각을 곤두세우곤 합니다. 그러나 자신의 주관적인 세계에서는 그럴 법한 이유와 맥락이 존재하겠으나, 현실은 개인의 주관적 세계와 일치하지 않는 경우가 더 많습니다. 따라서 이미 지난 과거의 잣대를 현재에 들이대게 되면, 현재에 속한 외부 세계의 타인들은 뜻하지 않게 과거의 잔재들로 인한 덤터기를 쓰게 됩니다.

과거의 상처로 인해 의심의 눈초리로 누군가를 바라보게 되었다고 가정해봅시다. 악한 의도가 없었는데 오해를 받게 된 상대는 기분이 나쁠 것이고, 이에 맞서 상대도 불친절하고 공격적인 태도를 취하게 될 가능성이 커집니다. 나의 적대적이고 의심에 찬 눈초리, 무의식적인 두려움이 상대의 공격성을 끌어내는 것입니다. 상대의 공격적인 태도를 접하게 되면, 나의 의심은 한층 강화됩니다. "첫인상부터 별로였는데, 역시 내 촉이 맞았어!"

하지만 아직 확신하기엔 이릅니다. 어디까지가 상대가 문제이고, 어디까지가 내가 초래한 것일까요? 이러한 물음에 '전부 당신 잘못이에요! 내 잘못은 없어요'라고 단언할 수 있을까요? 분명한 것은 그러한 단언과 확신을 남발할수록, 자기 마음속에 자리한 미움의 실체를 놓치기 쉽습니다. 즉 관계 내에서 자기의 역할과 몫에 무지하다는 것입니다. 관계에서 자신의 몫을 지워버리면 애초에 양자 간의 상호작용을 바탕으로 하는 관계성은 성립할 수가 없습니다. 관계에서 나 자신을 잃어버리면, 타인과 소통하고 연결될 수 있는 접점을 상실합니다.

현실에서 나와 상대가 어떻게 해왔는지 있는 그대로 볼 수 없는 것입니다. 결과적으로, 타인에 대한 증오와 불신으로 가득한 내면 세계에 고립되고 말겠지요. 그런 마음 속에서 세상은 악인으로 넘쳐날 것이고, 자신은 계속 그 희생양으로 남을 것입니다.

미움에는 나의 그림자가 서려 있다

당연한 말이지만 저마다 세상을 보는 관점, 주관적 세계가 다릅니다. 그러니 개인과 개인이 마주한다는 건 따지고 보면 두 주관적 세계, 즉 복잡하고 유구한 심리적 역사를 가진 세계관의 충돌인 셈입니다. 이 주관적 세계는 우리가 속한 현실의 반영인 동시에, 자기 내면에 창조된 세계입니다. 따라서 어떤 미움과 혐오의 시작에는 어느 정도 그럴듯한 현실적 맥락이 존재하지만, 자신만의 고유한 렌즈와 필터를 거치며 문제의 본질을 파악하기가 어려워집니다. 어디까지 현실이고, 어디까지 내 마음의 산물인지 구분하기 쉽지 않습니다. 다시 말해 우리가 어떤 대상을 싫어할 때, 상대가 정말 나빠서 그렇다고 단순화하기란 쉬운 문제가 아닙니다. 어쩌면 내 결핍과 울분을 누군가에게 투사한 결과일지도 모르니까요.

사회적으로 용인되지 않는 범법을 저지르거나, 비상식적인 행동으로 큰 피해를 준 경우라면 분노의 방향은 비교적 명확합니다. 상대가 정말 나쁜 인간임이 명확하다면 미움이 불타오를 동안은 괴롭겠지만, 미움이 휩쓸고 간 뒤에는 쉽게 마음의 안정을 되찾을 수도 있습니다. '역시 넌 인간 말종이었어!'라며 상대의 인격에 대한 결론을 명확하게 내릴 수 있고, '상종을 말아야지!'라며 입장 정리도 꽤 쉽게 할 수 있을 것입니다.

그러나 따지고 보면 그렇게 한결같이 나쁘기만 한 사람은 잘 없다는 것이 우리의 마음을 어지럽힙니다. 게다가 상식과 비상식의 기준은 무 자르듯 딱 나눠떨어지는 경계선이 아니라, 시작과 끝이 불분명한 그러데이션을 형성하고, 보는 각도에 따라 달라지는 입체적인 그 무엇입니다. 따라서 딱히 큰 실수를 한 것도 아니고 실제로 큰 피해를 주는 것도 아닌데, 뭐라고 딱 꼬집어서 말할 수 없이 미운 사람들을 만나면 마음이 더욱 괴롭습니다. 미워할 만한 정당한 이유도 없고, 어쩐지 이런 사소한 이유로 누군가를 미워하면 자신이 옹졸한 사람이 되는 것만 같습니다.

내가 미워하는 사람이 다른 사람들에게는 환영받거나, 사회적인 영향력이 큰 사람이라면, 혹은 좋은 면과 나쁜 면이 혼재하는 복합적인 인물이라면 더더욱 심사가 뒤틀립니다. 미움의 원인을 그 사람의 잘못으로 돌리고 싶지만 석연치 않을 때, 우리는 자신에게 질문을 던집니다. '도대체 나는 저 사람이 왜 이렇게 싫을까?'

"저는 눈에 거슬리는 사람이 너무 많아요. 누군가 조금만 예의에 어긋나거나 튀는 행동을 해도 참을 수가 없었죠. 그런데 어떤 사람들은 내가 싫어하는 사람들에 대해 그러려니

하고 대수롭지 않아 하더라고요. 어느 날 그런 생각이 들었어요. 나는 왜 이렇게 싫은 사람이 많을까?"

그녀는 친절하고 예의 바른 사람이었습니다. 주변 사람들을 잘 챙기고 온화해서 인기도 많았습니다. 그러나 친절한 미소와 선의 뒤에는, 누구든 미덥지 못하여 '그건 저렇게 하면 안 되는데!'라는 불안한 심정으로 남의 일까지 꾸역꾸역 떠맡는 면모가 있었습니다. 다른 한편으로 그녀에게는 다른 사람의 승인을 지나치게 갈구하는 면이 있었는데, 상담실에서도 '물 마셔도 될까요?', '가방을 여기에 두어도 될까요?'라고 일일이 상담자의 허락을 구하곤 했습니다.

그런 그녀가 가장 싫어하는 유형의 사람은 목소리가 크고 제멋대로인 사람이었습니다. 아주 사소한 것이라도 주변의 의견을 묻지 않고 일을 추진하거나, 자기주장을 강하게 내세우는 사람을 마주하면 그녀의 마음속에서 강한 혐오가 꿈틀거렸습니다. 그 증오와 분노는 어디에서 온 것일까요? 온전히 상대의 그릇된 행동 탓이었을까요?

"우리는 자신의 일부가 아닌 것으로 인해 괴로울 수 없다." 분석심리학을 창시한 융에 따르면, '누군가를 몹시 미워할 때면, 그 사람에게서 자신의 그림자를 보는 것'이라 합니다. 여기서 그림자란, 우리가 외면하거나 무의식 속에 숨겨온 자신의 또 다른 모습을 의미합니다. 결코 인정하고 싶지 않은 나의 모습, 사회적으로 용인되지 않기에 억압되어온 자아의 어두운 측면, 의식화 될 기회가 없었기에 파편화된 채 남아있는 자신의 일부이지요. 자라나면서 우리는 각자 자신이 속한 집단의 규칙을 배우고, 사회가 요구하는 역할극에 어울리는 가면, 페르소나를 형성하게 됩니다. 그리고 이러한 환경적 요구와 배척되는 욕구들은 무의식에 억압되어 자신의 그림자로 자리 잡습니다. 이때 받아들이기 어려운 자신의 그림자는 타인에게 투사됨으로써 그 존재를 부각합니다. 내 안에 간직하기 어려운 어떤 것들을 타인에게서 발견하고, 나쁘고 추악한 것이라고 딱지를 붙이며, 타인의 몫으로 남겨두기 위해 애를 쓰는 것입니다.

엄격한 어머니 아래 잘한 것은 당연한 것이고, 작은 실수나 잘못에는 지나치게 비난을 받아야 했던 여인은 그 가혹한 평가의 잣대를 마음속에 그대로 물려받았습니다. 그녀 얼굴의 친절한 미소와 반대로, 그녀 마음의 촘촘한 거름망을 통과하는 타인은 드물었습니다. 또한, 일일이 타인의 동의와 승인을 구하기 위해 애써왔던 그녀에게는 '내 의지대로 하는 자유'가 허용되지 않았습니다. 그녀의 친절과 예의의 이면에는 '이렇게 하면 혼나겠지'라는 불안과 '나 같은 게 마음대로 이렇게 해도 되나?'라는 자기 불신이 자리하고 있었던 것입니다.

그녀는 자신이 원하는 바를 거침없이 밀고 나가는 사람들에게서 자신의 그림자를 보았습니다. '나도 때로는 내 마음대로 하고 싶다', '가끔은 무장해제된 내 모습도 다른 사람들이 받아주면 좋겠다' 같은 지극히 인간적인 욕구를 억누르기만 한 것입니다. 이렇듯 많은 경우, 자신의 일부이나 자신에게 허용되지 못한 것을 다른 사람에게서 발견하는 것이 미움의 원인이 됩니다.

내 마음을 멀리서 바라보기

다행스럽게도, 그녀는 미움의 원인을 외부에서 찾고자 쏠린 에너지를 자신에게로 돌릴 수 있었습니다. 그리하여 '저 사람은 도대체 왜 저 모양이지?' 대신에 '나는 왜 저 사람이 마음에 안 드는 걸까? 질문의 방향을 수정함으로써, 감당할 수 없는 미움에 잠식되기 전에 자신의 잃어버린 조각들을 찾아낼 수 있었습니다. 그리고 자연스럽게 자신이 무엇을 해야 할지 알게 되었습니다.

거침없이 자기주장을 밀고 나가는 상대에게 "결정하기 전에 주변의 의견도 들어보는 편이 좋겠어요"라고 말할 수 있게 된 것입니다. 그러자 일방적이고 목소리 큰 사람에게 느끼는 그녀의 혐오 반응은 강도가 줄어들었습니다. 여전히 상대의 행동이 거슬렸지만, 미움의 감정이 일전만큼 극단으로 치닫지는 않았습니다. '그래, 저 사람은 저런 면이 있지. 나는 저런 면을 유독 싫어하지'라는 관점을 취하게 된 것입니다.

저 사람이 저런 면이 있지만 그게 다는 아니고, 내가 저런 면을 유독 싫어하는 것은 나의 특징이지 상대의 잘못은 아닙니다. 자신에 대한 이해의 폭이 넓어지자, 그동안 볼 수 없던 것도 눈에 들어오기 시작했습니다. "때로는 일일이 동의를 구하는 것보다 추진력 있게 밀고 나가는 편이 좋을 때도 있는 것 같아요. 그런 걸 선호하는 사람에게는 제가 우유부단하고 답답한 사람으로 보이겠죠."

자신의 예의 바르고 절차 중심적인 면이 수동적이고 우유부단한 면이 될 수 있다는 것을 통합적인 관점에서 보게 된 것입니다. 어떤 유형의 행동을 싫어하는 그녀의 근본은 달라지지 않았습니다. 하지만 자신 안에 존재하는 미움의 실체를 마주하고, 소외되어 있던 자신의 일부를 발견해냄으로써, 흑과 백으로 나누어져 있던 그녀의 주관적 세계가 수많은 그러데이션이 존재하는 입체적인 세계로 변모하게 되었습니다.

미움에도 마음의 자리를 내어주길

자신이 미워하는 사람을 한 명 떠올려봅시다. 꼭 미워하지 않더라도 눈에 거슬리거나, 가까이하는 것이 내키지 않거나, 호好보다는 오惡에 가까운 누구라도 좋습니다. 그다음 그 사람의 특징들, 내 마음에 들지 않는 점들을 있는 대로 써보세요. 그 특징들을 하나씩 되새기면서 '이게 나다!'라고 외쳐보십시오.

'아, 씨! 정말 싫다!' 같은 반응이 절로 터져 나올 것입니다. 그 순간 일어나는 끔찍함의 감정이 클수록, 외면하고 싶은 욕구가 강할수록, 스스로 인정하기 힘든 자신의 일부를 강하게 억압하고 있을 가능성이 있습니다. 그리고 자기에게서 소외된 파편들은 여기저기로 튀어, 자신을 비춰주는 타인을 통해 자신의 존재를 증명하려 할 것입니다.

'내가 이렇다고? 절대 그럴 리가 없지. 나는 달라! 안 그렇게 살려고 얼마나 노력했는데!'라고 떳떳함을 주장하고 싶을 수도 있습니다. 그러나 우리 모두 그저 평범한 인간임을 인정한다면, 나라고 해서 그런 특성이 있지 말라는 법은 없지 않을까요? 다른 한편으로는 내가 싫어하는 어떤 측면을 숨기기 위해 너무 많은 에너지를 쏟느라, 본연의 자신이 될 수 있는 자유와 가능성을 차단하고 있는 것일지도 모릅니다.

현실에서 자신과 타인에게 치명적인 피해를 주지 않는다면, 자신의 내면세계에서 일어나는 미움과 분노, 질투 등을 비롯한 어떤 감정이라도 수용해야 합니다. 내가 그런 감정을 느끼고 그러한 욕구를 가진다고 해서, 그 감정이 곧 나의 전부는 아닙니다. 내 마음속에서 그러한 감정과 욕구들을 경험한다고 해서, 그것이 곧 현실로 퍼져나가는 것도 아닙니다. 내 마음속에 내 감정과 욕구들을 잘 간직하고, 그것들을 소화시키는 게 중요합니다. 자기 감정과 욕구를 책임짐으로써 '내 안에 이런 못난 면이 있지만, 이건 인간으로서 자연스러운 거야. 나에게 이런 모습만 있는 것도 아니고, 여전히 나는 괜찮은 사람이야'라고 자신을 긍정할 수 있게 됩니다.

반면, 내 마음속에 티끌 하나라도 부정적인 것은 들이지 않겠다는 결벽성은 자신의 부정적인 욕구들을 외부로 밀어내는 파괴적인 힘이 됩니다. 결국, 자신에게 관용적인 태도를 취하는 것이 타인에게 너그러워지는 길이고, 그것이 곧 자신이 되는 길이기도 합니다.

미워하는 대상에게서 자신의 그림자를 발견해냄으로써 증오의 거름망을 벗겨낼 수 있다고 해서, 모두 '내 탓이오' 하며 자신을 비난하거나, 모든 사람을 사랑하고 용서하라는 말은 아닙니다. 다만, 미움이라는 감정에서도 상대와 자신의 몫을 있는 그대로 바라봄으로써, 타인을 너무 많이 비난하거나, 자신에게 너무 많은 책임을 지우지 않을 수 있게 됩니다. 그리하여, 현실에서 타인을 내가 원하는 대로 바꿀 수는 없더라도, 자신의 내면세계에서는 상대와 알맞은 심리적 거리를 설정할 수 있게 되고, 미움의 대상에게 휘둘리는 일이 줄어들 것입니다.

자기 마음의 중심을 잡을 수만 있다면, 현실에서도 자신이 어디에 있어야 할지, 또 어떤 행동을 해야 할지 스스로 선택할 수 있게 될 것입니다.

친구라는 나의 그림자, 질투

～

우정의 모양도 달라진다

친구는 마음을 나누는 벗이자 동시대를 살아가는 경쟁자이
기도 합니다. 두 사람이 친구가 될 수 있었던 이유는 아마 비
슷한 삶의 조건을 공유하고 있었기 때문일 것입니다. 같은
학교를 다니거나, 같은 동네에 살거나, 같은 동아리에 속해
있거나 등 일상의 접점이 있기에 자주 마주치고, 함께하는
시간과 신뢰가 쌓여 우정이라는 이름에 걸맞은 무언가를 빚
어내게 되었을 것입니다. 특히 말이 잘 통하고 비슷한 성향
과 사상을 공유하는 사람이라면, 더할 나위 없는 친구가 될
것입니다. 즉, 우정의 최초 단계에는 두 사람 간의 동질성이
중요합니다. 특히 또래 집단의 영향력이 큰 청소년기에는 친

구와 강한 결속을 느끼고, '우린 참 닮았어'라는 말이 우정의 징표처럼 여겨지기도 합니다.

그러나 바로 서로가 공유하는 그 동질성이 질투의 씨앗이 되기도 하죠. 인간은 자신과 비슷한 누군가와 자신을 비교하지, 자신과 동떨어진 세상의 누군가와 자신을 잘 비교하지는 않습니다. 게다가 시간이 흐르고 각자의 생활이 바빠지면 한때 죽고 못 살던 친구와의 거리도 점점 멀어지고, 공유하는 일상의 영역도 줄어듭니다. 각자 연인이 생기거나 가정을 꾸리고, 일에 몰두하다 보면 일 년에 몇 번 만날 기회도 없죠. 어쩌다 어렵게 시간을 내어 만난 친구는 어딘가 모르게 예전과는 많이 달라진 것 같습니다. '얘가 이런 모습이 있었나?' 싶기도 하고, 삶의 변곡점에서 나와 다르게 생각하고, 다른 선택을 해나가는 모습이 낯설기도 합니다.

그럴 때면 어쩐지 세월이 야속하기도 하고, 마음의 거리가 생긴 것 같아 서운하기도 합니다. 하지만 너무 아쉬워할 필요는 없습니다. 관계의 양상은 변하기 마련이고, 서로 가깝게만 느끼던 동질성에서 벗어나 서로의 다름을 발견해나가는 것은 그 자체로 관계가 성장하고 있다는 신호이니까요.

'이 친구가 내 생각과는 달라졌구나!' 할 때, '너 이런 사람이었니? 정말 실망이다'라고 말할 것이 아니라, 그동안 내가 몰랐던 친구의 모습을 알아가는 마음으로 새롭게 관계 맺어 갈 필요가 있습니다. 또, 친구가 새롭게 보였다는 것은 내가 세상을 바라보는 관점이 변하고 있다는 뜻이기도 합니다. 비슷한 줄만 알았던 우리가 어떻게 다른지 발견하는 과정에서, 내가 어떤 사람인지 더욱 분명하게 드러날 수 있습니다. 그런 의미에서 친구는 자신을 비춰주는 거울이라고 볼 수 있습니다. 단, 그 거울은 나의 겉모습뿐 아니라, 나의 그림자를 비춰주는 거울일 수 있습니다.

우월감과 열등감은 동전의 양면

앞서 그림자는 내가 의식적으로 인식하지 못하는 나의 인격적 측면이라고 했습니다. 친구는 나와 가까이에서 나의 그림자를 비춰주는 존재로, 폰 프란츠는 '우리는 우리의 그림자를 살아내는 사람과 친구가 된다'고 했습니다. 우정의 시초에 두 사람 간 모종의 동질성이 바탕이 됐겠지만, 둘에게는 사실 본질적으로 다른 측면이 있습니다. 친구는 내가 할 수 없는 것을 하거나, 종종 내가 질투하는 사람입니다. 나보다 외향적이거나 친화적이거나, 더 예쁘고 멋지거나, 나보다 잘 나가는 사람일 수 있습니다. 만일 나보다 친구가 많고 외향적인 친구를 질투하고 있다면, 나는 내향적이고 소극적인 사람일 수 있습니다. 그리고 스스로 자신의 내향적이고 소극적인 측면에 열등감이 있을 것입니다.

만일 자신의 열등감을 솔직하게 인정하지 못하면, 친구를 은근히 깎아내리는 방식으로 대할 수도 있습니다. '쟤는 친구가 많아 보이지만 속은 비었어, 피상적인 관계일 뿐이야'라는 식으로 반응하는 것입니다. 혹은 친구에 대한 자신의 질투를 투사하여, 친구가 나를 질투하고 있다고 믿어버리기도 합니다. 그러니 '저 친구는 항상 나를 질투하는 것 같아'라는 생각이 든다면 '난 그 친구를 어떻게 보고 있지? 나는 그 친구에게 질투심이 없나?' 되물어볼 필요가 있습니다.

'절대 그럴 리 없지. 내가 쟤를 왜 질투하겠어? 나보다 잘난 게 뭐가 있다고!'라고 강하게 반발할수록, 즉 자신의 우월성을 드러내고 싶은 마음이 클수록 열등감이 숨어 있을 가능성이 큽니다. 그 열등감은 내가 아무리 잘나고 똑똑하고 남부러울 것 없어도 사라지지 않는데, 왜냐하면 열등감은 항상 자신이 살아내지 못한 인격의 그림자에서 비롯되기 때문입니다.

인간은 한 번에 한 가지 선택을 할 수밖에 없고, 하나를 선택하면 하나를 포기해야 하기에, 어떤 인생이든 당연히 그에 대한 그림자가 드리웁니다. 따라서 모든 사람에겐 그림자 인격이 있고, 그 모습을 인정하기 힘들수록 타인에게 더욱 그림자를 투사합니다. 내가 잘나고 똑똑한 사람이 되기 위해 달려가는 과정에서 내가 놓치고 소외시켜온 부분이 내 그림자가 되고, 내 삶의 불균형을 인정하기 힘들수록 그 그림자의 모습을 지닌 친구를 깎아내리기 쉽습니다.

만일 누군가 '저는 친구를 질투하는 속 좁은 사람이 아닙니다'라고 한다면, 아직 자기 자신을 잘 모르거나 질투가 나쁜 것이라는 도덕관념이 너무 강해서 인간이라면 누구나 가질 법한 질투라는 감정을 억압하고 있는 것 일 수도 있습니다. 이렇게 인간으로서 가질 수 있는 자연스러운 감정과 욕구를 일상적으로 부인하는 사람 곁에 있으면, 뭔가 진솔하지 못하고 꺼림칙한 느낌을 받게 됩니다. 게다가 '나는 절대 그런 사람이 아니다'라는 그 확고함은 경직된 가치와 신념의 틀로 자리 잡아 타인을 평가하고 비판하는 잣대로 돌변하기 쉽습니다.

작은 가게를 운영하는 한 남성은 점포를 여러 개 늘리며 사업을 확장하는 친구에 대한 걱정을 늘어놓곤 했습니다. 저렇게 무리하게 대출을 받아가며 사업을 확장하는 게 도무지 이해가 되지 않고, 사업 규모가 커지니 신경 쓸 일이 많아 제대로 쉬지도 못하니 할 짓이 아니라며 충고를 서슴지 않았습니다. 그렇게 번 돈으로 자녀들 교육비며 해외 유학비까지 지출하는데, 사교육을 일절 시키지 않는 우리 아들이 공부를 더 잘한다며 우월감을 드러내기도 했습니다.

자신에게 어떤 피해도 끼치지 않는 친구의 사업 확장에 대해, 남성은 굳이 '걱정스러워서, 너를 위해서 하는 말이야'라며 대신 걱정하고 있었습니다. 대출을 받아서 사업을 하는 것도 친구의 선택이고 번 돈으로 자녀들을 교육시키는 것도 친구의 선택일 뿐인데, 그 남성은 왜 자신과 다른 삶의 방식을 존중하지 못한 걸까요? 어쩌면 그의 마음속에는 위험을 감수하고 사업 규모를 키울 만한 용기가 부족하고, 그로 인해 자녀들에게 충분한 경제적 지원을 해주지 못한 열등감이 있을지도 모릅니다.

자신이 살아내지 못한 인생을 살아가는 친구를 보면서 질투와 위기감을 느끼고, 그 감정이 내 것이 아님을 증명하기 위해 '친구를 위한 걱정'으로 포장하는 것일 수도 있죠. 이렇듯 자신이 인식하지 못한 그림자는 뒤틀린 모습으로 표출되곤 합니다.

직장에서 잘나가는 워킹맘은 전업주부가 된 친구에게서 가정과 양육에 헌신하는 따뜻한 모성의 그림자를 볼 것이고, 전업주부는 직장에서 승승장구하는 친구를 보며 성취와 야망의 그림자를 볼 것입니다. 만일 서로의 다른 길을 있는 그대로 인정하기보다 어느 한쪽이 친구를 한심하게 여기는 마음이 든다면, 사실 워킹 맘의 마음속에는 내가 좋은 엄마와 아내가 아니라는 죄책감이 있고, 그것을 억압하고 있는 것일 수 있습니다.

마찬가지로, 전업주부가 워킹 맘인 친구를 보며 '저렇게 살아서 뭐하나, 일하는 엄마를 둔 애들은 다 삐뚤어지더라' 같은 마음이 든다면, 사실 전업주부인 자신의 모습에서 위기감을 느끼고, 성취와 사회적 인정을 추구하는 자신의 어떤 측면을 강하게 억압하고 있는 것일지도 모릅니다.

그 어느 쪽도 한쪽이 전적으로 옳거나, 전적으로 그릇되지 않았습니다. 우월감과 열등감은 객관적인 우열에서 비롯된 감각이 아닙니다. 실제로 내가 더 못나서 열등감을 느끼거나 내가 더 잘나서 우월감을 느끼는 것이 아니라, 나의 다양한 인격적 측면을 통합하지 못하고 한 가지 모습으로만 경직되게 계속 살아가고 있을 때, 그에 대한 반작용으로 생겨나는 것입니다.

위의 예에서 전업주부를 한심하게 여기는 워킹 맘은 그동안 엄마와 아내로서의 자신에 더 주의를 기울이라는 그림자의 부름을 받고, 워킹 맘을 은근히 폄훼하는 전업주부는 자신을 개발하고 자신의 능력을 드러내라는 그림자의 부름을 받는 것입니다.

우리의 마음은 이런 식의 보상작용을 통해 균형을 추구하고, 진정한 '나'로 거듭나길 촉구합니다. 그러니 친구의 삶에 초점을 맞추고 왈가왈부할 것이 아니라, 그 친구는 그 친구의 삶을, 나는 내 삶을 사는 것임을 자각하고, 친구의 모습을 보며 나를 발견하는 기회로 삼는 게 좋겠습니다.

세상에 완벽한 사람이 누가 있겠어

때로 나와는 차원이 다르게 멋진 인생을 살고, 마냥 완벽해 보이는 친구도 있을 것입니다. 그런 친구는 객관적인 사회적 잣대로 보더라도 누구나 다 부러워할 만한 요소를 지닌 사람일 것입니다. "그 친구는 얼굴도 예쁘고, 성격도 좋고, 집안도 좋고, 직업도 좋고, 인기도 많아요. 내가 그 친구라면 정말 살맛 날 것 같아요"라고 할 수도 있습니다. 내게 없는 것을 부러워하고 동경하는 것도 자연스러운 마음의 일부입니다. 그러나 '그 사람 참 인생 편하겠다'라는 말은 섣부른 추측일 뿐입니다.

예로부터 그림자 없는 존재는 귀신이라는 속설이 있듯이, 사람인 이상 누구에게나 그림자가 있습니다. 그 완벽해 보이는 친구도 내가 알지 못하는 어떤 모습이 있을 거고요. 어쩌면 모두가 부러워하는 모습만을 보여주기 위해 더 치열하게 자신의 다른 면모를 가리고 있을 수도 있지요. 그러니 누군가 마냥 완벽하게만 보이고, 자신이 괜히 초라해 보일 때면 '저 사람은 저렇게 잘났는데, 나는 왜 이 모양일까?' 하는 생각보다 '내가 아직 저 사람에 대해 깊게 알지 못하구나', '내가 저 사람의 한쪽 측면만 보고 있는 것일 수도 있다'라고 생각하는 것이 좀 더 진실에 근접한 반응일 수 있습니다.

만일 그 친구와 더 인간적으로 가까워지고 진실의 이면을 더 가까이서 보게 된다면 기구하지 않은 인생이 없고, 고단하지 않은 인생이 없다는 것을 알게 될지도 모릅니다. 그저 동경과 질투의 대상이 아니라, 고단한 인생의 길에서 각자 소박한 모습으로 존재할 수 있는 사이, 내가 나의 모습으로 살아갈 수 있게끔 비춰주는 존재가 바로 친구입니다.

현실에서 타인을

내가 원하는 대로 바꿀 수는 없습니다.

그렇지만 자기 마음의 중심을 잡을 수만 있다면

현실에서도 자신이 어디에 있어야 할지,

또 어떤 행동을 해야 할지

스스로 선택할 수 있게 될 것입니다.

4.

나 자신과 화해하고

괜찮은 관계 맺기

오래전 한 TV 프로그램에서 강수진 발레리나가 당시 리듬체조 유망주로 손꼽히던 손연재 선수에게 조언을 했습니다. 정확히 기억나지는 않지만 대략 '작품의 완성도는 동작과 동작을 연결하는 부드러움에 달려있다'라는 내용이었습니다. 한 동작, 한 동작을 정확하게 수행하는 것도 중요하지만, 동작 간의 연결이 물 흐르듯 해야 전체적인 안무가 조화롭고 보는 사람도 안정감이 든다는 취지였습니다.

그 이야기를 듣고, 인격의 성숙이라는 것도 이와 다르지 않다는 생각이 들었습니다. 자신의 다양한 모습과 경험을 부드럽게 연결함으로써, 전체적인 조화와 균형을 잘 유지하는

4. 나 자신과 화해하고

지가 중요하다는 측면에서 말입니다.

우리는 다양한 감정과 생각, 욕구를 지니고, 다양한 사람을 만나며, 사회적 맥락에 따라 다양한 역할을 맡습니다. 내 생각과 감정, 욕구도 수시로 변하고, 내가 만나는 사람, 내가 해야 할 역할도 수시로 변합니다. 그러한 수많은 변화를 겪는 와중에도 우리는 어떻게 일관된 정체감, '나'라는 감각을 유지할 수 있을까요?

어제는 우울하고 나 자신이 하찮게 보였는데, 오늘은 기운이 나고 뭐든 할 수 있을 것 같은 자신감이 든다면, 어제의 나와 오늘의 나는 다른 사람일까요? 예전에는 사람보다 일이 중요했지만 이제는 사람의 소중함을 더 크게 느낀다면, 나는 예전과는 완전히 다른 사람이 된 걸까요? 누군가에게는 다정하고 친절한 사람이지만, 다른 누군가에게는 냉담하게 대한다면 어느 쪽이 이 사람의 진짜 모습이라 할 수 있을까요? 사실은 그 모든 모습이 그 사람을 구성하고, 자세히 들여다보면 각각의 모습에 그럴 만한 맥락이 있을 것입니다. 그러나 그 맥락을 자기 스스로 이해하고 연결 지을 수 없다면, 내가 누구인지 스스로 확신하기 어렵고, 불연속적인 자기감을 경험하게 됩니다.

불연속적인 자기감을 지닌 채 살아가고 있으면, 타인과

안정적인 관계를 맺기도 어렵습니다. 어떤 행위의 맥락들이 연결되지 않는 사람을 보고 있으면, 저 사람이 지금 왜 저런 행동을 하고 왜 저런 판단을 하는지 이해할 수 없고, 결과적으로 그가 어떤 사람인지 신뢰하기 어렵습니다. 예를 들어 기분에 따라 행동이 돌변하는 사람 곁에 있으면, 어느 장단에 맞춰 춤을 춰야 하나 혼란을 겪다가, 내 정체성마저 덩달아 흔들립니다. 그러다가 종국에는 관계를 놓아버리게 될 수 있습니다.

이러한 파국을 막기 위해서는, 급변하는 자신의 모습을 서로 연결해주고, 함께 담아내는 자신의 언어와 태도가 필요합니다. "내가 감정 기복이 좀 큰 편이야. 그래서 종잡을 수 없을 때가 가끔 있어. 조심하려고 해도 잘 안 될 때가 있어. 혹시 이것 때문에 네 마음이 불편하다면 이야기해줘"라며 솔직히 말할 수 있는 태도 말입니다.

감정을 완벽하게 통제하는 인간으로 다시 태어나라는 것이 아니라, 자신의 다양한 측면을 이해하고, 이것을 자신과 타인에게 납득시킬 수 있는 하나의 연결 고리가 필요한 것입니다. 스스로 자신의 경험들을 연결하고 자기 마음 안에 온전히 담아내고자 할 때, 혼돈의 경험 속에서도 꿋꿋하게 중심을 지킬 수 있습니다.

이러한 중심 잡기가 극단적으로 어려운 사람들, 그리하여 수시로 자아상과 타인상이 변하고, 기분과 행동이 종잡을 수 없을 만큼 불안정한 사람들을 정신의학에서는 경계선 성격장애Borderline Personality Disorder로 분류하고 있습니다. 이들은 정체성 혼란을 특징적으로 보이는데, 자기에 대한 지각과 평가, 삶에 대한 목적, 가치 등이 시시때때로 변하고, 타인에 대해서도 과대한 이상화와 과소평가를 오가는, 극단적인 태도를 보입니다.

이러한 불안정성은 친밀한 관계에서 더욱 두드러지게 나타나는데, 연인에게 세상에 둘도 없는 이상형이라고 칭송하다가 상대가 자신의 요구를 조금만 들어주지 않거나 멀어지는 태도를 보이면, 돌변하여 상대를 비난하고 분노합니다. 관계를 파괴하고 자신을 해치는 행동을 하다가 관계가 끝날 것 같으면, 버림받을 것이라는 두려움에 휩싸여 상대에게 집착하고 매달리는 행동을 반복합니다.

그들이 타인에게 매달리는 이유는 깨져서 흩어져버릴 듯한 자기 자신을 붙잡아줄 유일한 동아줄이 상대라고 믿기 때문입니다. 그들은 자신의 급변하는 생각과 감정, 충동을 스스로 감당하지 못하기 때문에, 자기가 어떤 사람인지에 대한 안정적이고 구체적인 상을 형성하기 어렵습니다. 이들의 텅 빈 눈동자는 내가 누구인지를 실감할 수 없는 상태에서 느끼는 만성적인 공허감의 징표이며, 불연속적 경험이 극으로 치달을 때는 일시적인 해리dissociation 증상을 보이기도 합니다. 해리는 의식, 기억, 정체감, 환경에 대한 지각 등이 단절되는 현상인데, 자신이 한 일 또는 자신이 누구인지를 기억하지 못하거나, 자신과 주변 환경이 낯설게 느껴지는 증상을 보입니다. 심한 경우, 한 사람이 여러 개의 정체성을 지닌 다중 인격을 보이기도 합니다.

경계선 성격장애나 해리성 장애 같은 극단적인 경우는 아니더라도, 우리는 일상에서 경험 간의 연결성을 의식할 겨를도 없이 눈앞에 닥친 일들에 쫓기듯이 살아가곤 합니다. 그러나 놓치기 쉬운 이 연결 고리를 얼마나 잘 의식하고, 부드럽게 이어 나가는지가 개인의 안정적인 정체감과 신뢰 있는 대인관계를 보증하며, 이는 양육에도 반드시 요구됩니다.

아무런 잘못을 저지르지 않는, 완벽한 부모는 아무리 노력해도 될 수 없습니다. 누구나 인간적인 한계가 있고, 순간적인 감정과 어쩔 수 없는 상황에 굴복하는 순간을 마주합니다. 이때 자신의 감정과 행동을 완벽하게 통제할 수는 없더라도, 이를 납득하게 하는 선을 마련할 수는 있습니다.

자녀 앞에서 고성을 내며 부부 싸움 하는 것은 자중해야 할 행동이나, 많은 부모가 욱하는 감정을 참지 못하고 이러한 모습을 자녀들에게 보이고 맙니다. 그러다 또 칼로 물 베듯 어느새 화해하여 아무 일도 없는 것처럼 다정하게 지내면, 아이들은 엄청난 혼란을 겪습니다. 부모는 그럴 만한 사정이 있고, 또 대수롭지 않았을 수 있으나, 자녀는 언제 어디서 전쟁이 벌어질지 모르는 불확실성 속에 마음을 졸이며 살고 있는 셈입니다.

이를 방지하기 위해선 자녀 앞에서 부부 싸움을 하지 않는다는 원칙을 정하고 이를 지키는 것도 중요하지만, 이를 완벽히 지킬 수 없다면 이 상황에 대해 자녀가 납득할 만한 연결 고리를 제공해주어야 합니다. "엄마, 아빠가 아까 소리 지르고 싸워서 많이 무서웠지? 너 때문에 그런 게 아니라, 서로 의견이 달라서 언성이 높아진 건데, 이제 화해했으니까 걱정하지 마."

항상 다정하고 절대 싸우지 않는 부모가 되지는 못하더라도, 부모가 자신의 행동을 인정하고 행동 간의 연결성을 제공하면 아이는 부모에게 일관된 신뢰를 구축할 수는 있습니다. 이를 경험한 아이들은 부모도 사람이라 실수할 때가 있다는 것과, 그럼에도 불구하고 자신을 사랑하는 마음은 변하지 않을 것이라는 믿음 속에서 안전 기지를 구축합니다. 또 그 안전 기지는 자신이 경험하는 다양한 감정과 생각을 담아내는 그릇이 됩니다. 부모의 싸움을 목격했을 때 느꼈을 두려움과 걱정, 그리고 이후에 다정한 부모를 볼 때의 혼란과 안도 같은 다양한 내적경험들이 맥락을 부여받고, 아이가 그 경험들을 있는 그대로 감당할 수 있게 되는 것입니다.

자신의 다양한 모습과 경험을 잘 연결 짓고 통합할 수 있는 부모를 보고 자란 아이들은 자기 자신에 대해서도 통합되고 일관된 자기감을 형성할 가능성이 큽니다. 자신이 어떤 경험을 할 때 그에 맥락이 있다는 것을 알고 있으며, 인간은 본래 그런 다양한 모습을 가지고 있다는 것을 마음속 깊이 받아들이기 때문입니다.

많은 부모가 이러한 연결 짓기를 제대로 제공하지 못하는 이유는 자신이 그러한 롤 모델을 삼아본 적이 없고 또 아이의 관점에서 상황을 조망하기 어렵기 때문입니다. 부부 사이에는 그저 약간의 고성이 오간 것뿐인데, 이를 바라보는 아이는 엄청난 불안을 느끼며 부모의 눈치를 살핀다는 점을 모르는 것입니다. 부부는 싸우고 나서 서로 말하지 않아도 없던 일처럼 지나갈 수 있는데, 아이에게는 정서적으로 크게 각성되었던 사건들은 뇌리에 각인됩니다. 따라서 부부는 다 잊어버린 과거일지라도, 그 후폭풍은 아이가 짊어지게 됩니다.

훗날 아이가 커서 "그때 제 앞에서 왜 그러셨어요?"라고 하면, 대다수의 부모는 "내가 언제?"라고 되묻거나, "별일도 아닌 걸 아직 기억하니?"라고 대수롭지 않게 넘어갈 것입니다. 본인에게는 그다지 기억할 만큼 특별한 사건이 아니었거나, 기억하고 싶지 않은 경험이었을 테니 말입니다.

자녀를 독립적인 인격으로, 제 나이에 맞는 이해의 폭과 욕구를 가진 존재로 보지 못하면 부모는 아이가 당연히 자신들의 사정을 이해하리라고 착각합니다. 부모가 자녀를 이해하고 보살피는 게 아니라, 자녀에게 부모를 이해하라는 짐을 지우는 셈입니다.

'당연히 이해하겠지?', '이게 당연한 거 아니야?'라고 단정하는 태도가 바로 자기중심성이며, 자기중심적인 관점에서 벗어나지 못하면, 자신의 경험들을 연결 짓고 담아내는 그릇을 빚기가 어렵습니다.

한 여성이 상담 시간에 십 년 넘게 가까이 지낸 친구 A에 대한 고민을 토로했습니다. A에게는 언니가 한 명 있었는데, 언니는 어릴 때부터 가족과 떨어져 이모 댁에서 자랐습니다. A가 태어나자마자 선천성 심장 기형으로 큰 수술을 여러 번

해야 했습니다. 가정 형편도 어려워 부모님은 어쩔 수 없이 언니를 이모에게 보낸 것입니다. 언니는 그러다 해외 발령이 난 이모부를 따라 이모네 식구들과 함께 외국으로 나갔고, 그곳에서 중고등학교를 마쳤습니다. 언니는 한국 대학에 진학하면서 언니가 귀국하였으나, 기숙사 생활을 하였기에 그때까지도 A는 언니와 오랜 시간을 함께 보낸 적이 없었습니다.

그런데 대학을 졸업하고, 취업한 언니가 집으로 들어오며 온 가족이 함께 살게 되었습니다. A는 이런 낯선 동거가 불편했습니다. 어릴 때부터 병약한 신체로 부모의 관심을 독차지하였을 뿐 아니라, 실질적인 외동딸로 살아왔기에 언니라는 존재를 받아들이기 어려웠습니다. 이는 얼마든지 자연스러운 현상입니다. 그러나 내담자는 A가 보이는 반응이 어딘지 꺼림칙했습니다. A는 엄마가 언니 입맛에 맞춰 식사 준비를 하는 것이 못마땅했고, 언니가 방 청소도 제대로 하지 않는다고 불평했습니다. A도 집안일을 전혀 하지 않으면서, 언니에게는 '굴러온 돌이 자기 밥값은 해야 하는 게 아니냐, 그 나이가 되어서 청소도 제대로 안 하는 건 너무 얌체 아니냐'고 하더라는 것입니다. 게다가 A는 언니가 해외에서 학교를 나와 영어에 능통한 것이 부럽다고 하였습니다.

내담자는 한 편으론 A의 입장도 이해가 갔습니다. 20년 가까이 떨어져 살던 언니와 갑자기 함께 살게 되니 불편하기도 하고, 집안에서 자신의 위치가 흔들리는 불안도 느꼈을 것입니다. 그러나 내담자는 친구의 태도가 못내 찜찜했고, 어쩐지 그 이야기를 들은 이후로 친구를 피하게 되었다고 하였습니다. 무엇이 문제였을까요?

"친구 입장도 이해가 가요. 저라도 받아들이기 힘들 것 같아요. 그런데 친구 얘기를 듣고 있자니, 친구보다 그 언니가 더 불쌍하다는 생각이 들더라고요. 저는 그 언니를 한 번도 본 적이 없는데, 왜 친구보다 그 언니에게 더 마음이 가는 걸까요?"

내담자가 느낀 찜찜함은 아마 다른 사람의 입장을 고려하지 않는 친구의 자기중심적인 태도에 대한 경계심이었을 것입니다. 그 친구는 갑작스럽게 자기 인생에 끼어든 언니로 인해 자신이 겪는 불편함에만 매몰되어 있었습니다. 그래서 언니가 부모와 떨어져서 어떤 인생을 살았는지, 어떤 마음을 품으며 지내왔는지는 안중에 없었습니다.

언니 입장에서 보자면, 자신은 아픈 동생 때문에 부모에게 버림받았다고 생각할지도 모르는 일입니다. 또한, 상대가 자신의 이야기를 듣고 어떤 반응을 보일지에도 전혀 관심이 없었습니다. 당연히 자신의 친구이니, 제 편을 들 것이라 생각했습니다. 만일 A가 자신의 복잡한 심경을 연결 지어서, 타인의 입장을 고려하여 전달할 수 있었다면 어땠을까요?

"이런 말이 좀 이기적으로 들릴 수도 있겠지만, 언니랑 같이 사니까 불편한 건 어쩔 수가 없네. 방 청소 안 하는 걸 보니까 얄밉기도 하고, 영어 잘해서 외국계 회사 취업한 거 보니까 부럽기도 하고 말이야. 언니도 자기 혼자만 부모님과 떨어져서 지냈으니, 내가 얄밉기도 하겠지?"

이와 같은 태도는 자신의 솔직한 감정과 생각을 표현하면서도, 이야기를 듣는 상대의 마음을 함께 고려합니다. 이 이야기가 당신이 듣기에는 조금 거북하고, 한편으로 내가 이기적임을 인정하는 것이지요. 또 자신의 불편을 정당화만 하는 것이 아니라, 언니의 입장까지 함께 고려하고 있습니다. 자신의 이야기를 자기의 관점에서만 보지 않고, 다양한 사람의 관점에서 복합적인 경험들을 연결 짓고 있는 것입니다.

우리는 보통 솔직하면서도 다양한 관점을 포괄할 수 있는 사람에 대해 신뢰를 느끼는 반면, 자기 입장에만 매몰되어 있는 사람에 대해서는 경계심을 느낍니다. 가까이하면 나의 입장을 존중받지 못하고, 그 사람의 자기중심적인 논리에 휘말려 자신을 잃어버릴 것 같은 위기감을 느끼기 때문입니다.

그러니 타인의 신뢰를 얻기 위해서는 먼저 자신의 내적경험에 솔직해야 하고, 자신의 경험을 다양한 관점으로 볼 수 있어야 합니다. 이는 타인과 친밀한 관계를 형성하기 위한 것일 뿐 아니라, 자기를 있는 그대로 수용하고 '나답게' 살기 위한 것이기도 합니다. 우리는 자신의 내면에서 벌어지는 다양한 생각과 감정, 욕구들을 있는 그대로 경험하고, 이 경험들을 연결 짓는 어떤 태도, 이 경험들을 담아낼 그릇이 필요합니다.

'나는 한심해'라는 생각과 '나는 나는 한심하다고 생각하고 있어'라고 생각에는 큰 차이가 있습니다. '나는 한심해'라고 생각할 때, 나는 말 그대로 한심한 인간이 됩니다. 반면 '나는 나는 한심하다고 생각하고 있어'라고 자기 생각을 알아차릴 때, 스스로를 한심하게 여기는 것은 그저 나의 그릇에 담긴 하나의 생각으로 분리됩니다.

이 그릇에는 때로 '나는 한심해' 외에도 어떤 날에는 '나는 우울해' 같은 감정이 차겠지만, 어떤 때는 '나는 꽤 괜찮아'하는 생각이, '나는 즐거워' 같은 감정이 자리를 차지하기도 하지요. 그리고 그 그릇 덕분에 어떤 때는 한심하고 우울하지만, 또 어떤 때는 꽤 괜찮고 즐거운 나를 연결 지으며 자신에게도 타인에게도 납득되는 '내'가 됩니다.

이렇게 자신의 생각에 대해 생각하는 능력, 자신의 내적 경험을 떨어져서 보는 능력, 그리하여 타인의 관점을 취할 수 있는 능력을 메타인지meta cognition라고 하며, 이는 현실을 살아가는 복합적이고 입체적인 자신의 모습을 있는 그대로 보여주는 새로운 렌즈가 됩니다.

이번 장에서는 이러한 렌즈가 없을 때 겪는 어려움들, 부정적인 생각에 매몰되거나 잡념에 시달리는 현상의 본질을 살펴보고, 메타인지에 해당하는 정신화와 '마음챙김'이라는 새로운 렌즈를 마련하기 위한 여정을 떠나보겠습니다.

내 생각의 주인이 나일까?

정서적 채널과 인지적 채널

우리가 무언가를 경험할 때, 그 경험을 심리적 차원에서 정서적, 인지적 채널이라는 두 채널로 처리합니다. 정서적 채널은 감정을, 인지적 채널은 생각을 주로 담당합니다. 내 안에서 발생하는 감정과 생각을 얼마나 건강하고 유연하게 수용하는지, 즉 정서적 채널과 인지적 채널이 얼마나 잘 발달해 있는지에 따라 심리적 건강이 좌우되는 셈입니다.

정서적 채널과 인지적 채널은 타고난 기질과 역량, 그리고 환경과의 상호작용을 통해 구축되고, 끊임없이 변합니다. 그러한 발달 과정 상에서 날것의 감정과 생각들은 점차더 세련되고 복잡한 양상으로 분화되어 나의 경험을 다양한 관점에서 느끼고 생각할 수 있게 됩니다. 이로써 자기중심적인 관점에서 벗어나 통합적인 관점에서 나와 타인을, 그리고 세상을 바라볼 수 있게 되는 것이지요. 이것이 곧 심리적 측면의 성숙이라고 할 수 있습니다.

생애 초기, 나의 감정과 생각을 민감하게 읽고 반영해주는 양육자의 존재는 건강한 정서적, 인지적 채널을 구축하는 토대가 됩니다. 물론 유년기에 토대를 잘 다지지 못했다고 해서, 영영 두 채널을 구축하지 못한 채 빈곤한 내적 세계에서 살아야 하는 것은 아닙니다.

앞서 '때로는 내가 나를 모르겠습니다' 장에서 감정을 돌봄으로써 정서적 채널을 구축하는 과정을 살펴보았습니다. 이번 장에서는 생각을 돌봄으로써 건강한 인지적 채널을 구축하는 과정에 대해 살펴보려고 합니다.

생각은 바이러스와 같아서

생각에 관한 보편적인 오해 중 하나는 '내가 내 생각의 주인'이라는 생각입니다. 생각의 주체가 나니까 내가 내 생각을 통제할 수 있고, 내 생각이 곧 나를 의미한다고 여기는 것입니다. 극단적인 예로 '나는 바보다'라는 생각이 떠올랐다면, 실제로 내가 바보이기 때문에 그러한 생각을 했고, 내가 그렇게 생각했으니 나는 바보가 맞다고 믿는 것입니다.

그러나 과연 내 생각을 만들어내는 건 오로지 나의 의지일까요? 내가 하는 생각은 전부 실제의 나를 반영하는 것일까요? 생각의 흐름을 조금만 들여다보아도, 생각이 얼마나 내 의지와 무관하게 흘러가는지 살필 수 있습니다.

"생각이 많아서 잠을 잘 수가 없어요!"라며 침대에서 의식을 침범하는 생각들로 불면증에 시달리는 분이 많습니다. 생각의 주제는 주로 과거에 대한 후회, 이불에 하이킥 날리게 하는 기억들, 돌아갈 수 없는 과거에 대한 향수나 불확실한 미래에 대한 걱정, 비관적 전망 등 다양하죠. 이 주제들을 관통하는 공통점이 있다면 현재에서 벗어난, 자신이 통제할 수 없는 지점에 관한 생각이라는 점입니다. 이미 벌어진 과거의 사건을 되돌릴 수도 없고, 어떻게 될지 모를 미래를 예측하는 것도 불가한 일이니까요.

생각의 시점이 과거에 머물러 있으면 우울에 빠지기 쉽고, 미래에 가 있으면 불안에 짓눌리기 쉽습니다. 우울과 불안은 인간이 경험하는 주관적 고통의 양대 산맥입니다. 그런 동시에 자신이 바꿀 수 없는 무엇인가에 매달리고 있음을 알려주는 신호이기도 합니다. 그럼에도 부정적인 생각의 고리를 쉽게 끊지 못하는 이유는 '생각에 빠지는 것'이 부정적인 경험을 회피하는 수단으로 작용하거나, 생각하는 동안에는 자신이 맞닥뜨리기 두려운 결과를 통제하고 있다는 안도감을 느끼기 때문입니다. 따라서 의식적으로는 머릿속을 점령한 생각들을 떨쳐내고 싶다고 하면서도, 무의식적으로는 자신이 창조한 사고의 세계로 끊임없이 걸어 들어가고, 급기야는 완전히 주도권을 잃고 자신이 만들어낸 생각에 갇히거나 잡아 먹히기도 합니다.

크리스토퍼 놀란 감독의 영화 〈인셉션〉에서 주인공 코브와 그의 아내 멜은 꿈에 관한 연구를 하면서 꿈속 세계에서 몇십 년을 보냅니다. 점차 꿈과 현실을 헷갈리던 멜을 현실로 돌려놓기 위해 코브는 아내의 꿈에 '지금은 꿈이고, 꿈에서 깨야 현실로 돌아갈 수 있다'라는 생각의 씨앗을 심습니다. 그러나 멜은 현실로 돌아온 뒤에도 무의식에 심어진 생각을 떨치지 못합니다. 결국 진짜 현실에서도 꿈에서 깨어나야 한다고 믿고, 꿈에서 깨기 위해 고층빌딩에서 몸을 던져 생을 마감합니다. 멜은 자신이 발 딛고 서 있는 현실을 보지 못하고, 생각에 사로잡힌 채 허상을 쫓은 것입니다. 코브는 말합니다. "생각은 바이러스와 같아. 끈질기고 번식력도 강하지. 생각의 씨앗이 자라면 사람의 본질이 되기도 하고, 그를 완전히 바꿔 놓을 수도 있어."

무의식에 새겨진 심상, 침투적 사고

생각의 중독성이 강력한 만큼, 생각의 씨앗에 점령당하지 않기 위해선 마음속에서 펼쳐지는 생각의 실체를 알아차려야 합니다. 인간의 사고는 의식화의 정도 및 자발성의 수준에 따라 구분될 수 있습니다.

먼저, 침투적 사고는 자신의 의지와는 무관하게 부지불식간에 떠오르는 생각이나 심상을 일컫습니다. 대체로 의식 수준에서 접근이 어려운 내용을 내포하고요. 자신의 통제 밖에서 벌어지는 현상이기에 다양한 정신 질환의 증상으로 나타나곤 합니다. 예컨대 강박 장애에 빠지면 갑자기 누군가를 죽이고 싶거나 병균이 자신의 몸에 침투한다는 생각, 집에 도둑이 들지도 모른다는 걱정 등 강박적인 사고를 하게 됩니다. 외상 후 스트레스 장애PTSD에서는 트라우마를 겪은 뒤 당시 사건을 재경험하는 듯한 플래시백flashback 현상이 나타납니다. 예를 들어, 교통사고로 생명의 위협을 느낀 뒤, 반복적으로 사고 장면이 떠오르는 것이죠. 극한의 스트레스를 겪거나 우울증에 걸리면, 달려오는 차에 몸을 던지거나 높은 곳에서 뛰어내리는 등 자살과 관련된 충동적인 심상을 경험하기도 합니다.

물론 침투적 사고가 심각한 정신 질환에서만 나타나는 현상은 아닙니다. 대부분의 사람이 침투적 사고를 일상적으로 경험하지만 이를 알아차리지 못하거나, 알아차리더라도 대수롭지 않게 흘려보냅니다. 생각은 생각일 뿐, 그 생각이 현실에 속해 있는 나에게 그다지 큰 영향을 미치지 않기 때문입니다. 누군가를 죽이고 싶은 생각이 든다고 내가 곧 살인자는 아니며, 과거에 당했던 끔찍한 사고가 떠오른다고 해도 현재의 나는 안전함을 알기 때문입니다.

그러나 사고와 현실의 경계가 뚜렷하지 못한 경우는 침투적 사고를 위협적으로 지각합니다. 생각을 곧 현실처럼 여기는 것입니다. 따라서 이 위협적인 생각들을 부인하려 합니다. 또 침투적 사고와 관련된 경험을 자신의 일부로 받아들이기 어려워 자신의 의식 밖으로 밀어내려 애를 씁니다. 그 경험들이 자신의 것임을 인정하기가 두려울 뿐 아니라, 자신이 결코 누군가를 죽이고 싶다는 충동에 빠지는 인간이 아니며, 나에게 벌어진 비극적인 사고는 절대 일어나선 안 되는 일이었다고 믿는 것입니다. 선과 악, 옳고 그름에 대한 이상적인 기준이 강할수록, 선량한 세상에 대한 믿음이 강할수록 어두운 욕구와 통제할 수 없는 삶을 수긍하기 어려워합니다.

이러한 맥락에서 보자면 현실에서 악한 사람이 이득을 취하고, 선량한 사람이 고통받는다는 말이 일견 맞는 것 같기도 합니다. 그러나 악인이든 선인이든 현실의 한 측면만 본다는 점에서, 심리적 성숙과는 거리가 있습니다. 성숙은 현실의 긍정적인 면만이 아니라, 부정적인 면까지 함께 감당하는 것입니다. 항상 유쾌하고 긍정적 삶은 시트콤의 주인공에게나 주어지는 것이지, 현실 속에서 사람들은 누구나 복잡한 서사를 살아내야 합니다. 그 복잡성을 부정하고, 의식 밖으로 밀어내고자 했던 경험과 생각들은 더 많은 침투적 사고를 불러일으킵니다. '코끼리를 생각하지 마'라는 주문이 코끼리를 계속 연상케 하는 것처럼요.

선량하지만 성숙하지 못한 부모는 자기가 받아들이기 어려운 경험을 자녀에게 전가함으로써 자녀의 정체성을 분열시킵니다. '나는 절대로 술 마시고 남에게 실수하지 않는다'라는 신념이 있는 아버지를 둔 한 여성은 성인이 된 후에도 유년기의 기억에 시달리고 있었습니다.

"제가 어릴 때 아버지는 술에 취해 몇 시간이고 일장 연설을 늘어놓고, 엄마와 칼부림이 날 정도로 싸우곤 했어요. 아빠가 자신의 잘못을 인정하기만 했어도, 아니 술주정하는 다른 사람들을 비난하지만 않았더라도 아빠를 인간적으로 연민했을 것 같아요. 그런데 한사코 자신은 좋은 사람으로 남아야 하고, 그것을 기억하는 저는 부모 은혜도 모르고 허물을 들춰내는 나쁜 인간이 돼야 하잖아요. 별것도 아닌 일에 상처받고, 그걸 아직도 기억하는 제가 이상한 거겠죠."

주사가 심하던 그녀의 아버지는 한편으로는 선량하고 헌신적인 부모였습니다. 그러나 그녀는 성인이 되어서도 여전히 술에 취해 칼을 들고 쫓아오는 아버지의 모습을 침투적 사고로 경험하며, 아버지의 좋은 모습과 혐오스러운 모습 사이에서 혼란스러워했습니다. 그녀는 자신의 기억도, 자신에 대한 아버지의 사랑도, 아버지에 대한 자신의 사랑도 잘 믿지 못했으며, 언행이 일치하지 않는 사람들의 진의를 가늠하기도 어려웠습니다. '상대가 자신이 옳다고 우기니, 내가 틀린 게 아닐까?' 하는 자신에 대한 의심을 떨쳐내기 어려웠던 것입니다.

아버지가 술에서 깬 다음 날이면 아버지를 비롯한 모든 가족은 아무 일도 없다는 듯이 행동했습니다. 식탁에 둘러앉아 아무렇지 않은 듯이 일상적인 이야기를 나눴습니다. 이 사태를 어떻게 이해해야 할지 모르는 혼란 속에서, 얼어붙은 채 아무런 반응도 하지 못하고 있던 그녀는 오히려 분위기를 망친다는 비난을 들었습니다. 이 가정 내에서 그녀만이 부정적인 경험을 기억하고 담아내는 쓰레기통이 되었습니다. 아버지가 자신의 일부로 통합하지 못한 경험들, 다른 가족이 외면한 갈등을 그녀가 혼자 짊어지게 된 것입니다.

심리상담 과정에서 중요한 것은 내담자의 기억이 어디까지 사실이고, 어디까지 거짓인지를 구별하는 것이 아닙니다. 과거의 기억은 정서적 충격의 강도에 따라 그 맥락과 빈도가 과장되거나 왜곡되기 쉽습니다. 그리고 상담자는 내담자가 옳았는지, 내담자의 아버지가 옳았는지를 판단하는 판사가 아닙니다. 사실이 어찌 되었든, 내담자의 주관적 세계에서 술에 취해 칼을 들고 쫓아오는 아버지는 실재하고, 여전히 아버지의 목소리 때문에 자기 확신이 흔들리고 있었습니다. 시간이 흘러 기억에 묻힌 정서는 휘발되고 무감각해졌지만, 현실이 고되고 자기 확신을 지켜내기 어려운 순간마다 아버지의 망령은 어김없이 되살아났습니다.

"많이 무서웠겠네요." 어린아이로서 그녀가 느꼈을 감정을 상담자가 읽어주었을 때, 그녀는 자기가 '무서웠다'라는 걸 그제야 알게 되었습니다. 아무 일도 없었던 듯이 행동하는 부모를 보면서 그녀는 자신이 느끼는 감정을 부정하고, 마비시켜온 것입니다. 그러나 그 공포의 감정은 소화되지 않은 채 그녀 안에 있었고, 칼을 들고 쫓아오는 아버지의 모습을 통해 침투적 사고의 방식으로 형체를 드러냈습니다.

이렇듯 정서적 채널과 인지적 채널은 서로 영향을 주고받습니다. 감정을 처리하는 정서적 채널이 제대로 작동하지 않으면, 대개 그와 관련된 감정들이 생각의 형태로 인지적 채널에 침범합니다. 그녀는 그 해묵은 감정에 이름을 붙여주고, 그 감정을 충분히 애도한 뒤 흘려보냄으로써, 더는 침투적인 사고에 압도되지 않았습니다. 이제는 칼을 들고 쫓아오는 아버지의 모습이 떠올라도 그 장면의 의미를 이해하고 주체적으로 생각할 수 있게 됐기 때문입니다.

또 과거의 사건은 아버지가 행했지만, 그 기억을 끊임없이 현재로 불러오고 재구성하는 것은 자신임도 깨달았습니다. 아버지의 공포스러운 모습이 떠오를 때는 주로 그녀가 뭔가를 성취하기 위해 애를 쓰거나, 세상에 맞서 투쟁하고 있다고 느낄 때였습니다. 힘든 상황에서 강하게 자신을 몰아붙일 때면, 그만큼 강하고 무서웠던 아버지의 이미지를 떠올리게 된 것입니다. 과거의 기억이 현재에 보내는 신호를 이해함으로써, 그녀는 과거의 기억에서 벗어나 현재로 눈을 돌릴 수 있게 되었습니다. '그때 내가 많이 무섭고 힘들었지. 지금 또 그 장면이 떠오르는 걸 보면, 내가 현재 뭔가 힘들고 버겁게 느껴지나 봐. 뭐가 나를 이렇게 힘들게 하고 있는 거지?'

그녀는 자신을 비난하던 아버지의 목소리를 다른 관점에서 바라봄으로써, 내면화된 아버지의 목소리를 그녀 자신과 분리해내기 시작했습니다. 그녀의 아버지는 자식을 한 몸처럼 끔찍이 사랑했지만, 가족들 간의 경계가 없는 사람이었습니다. 아버지의 관점에서 가족은 남이 아니었으니, 자신이 술에 취해 가족에게 하는 실수는 남에게 하는 실수가 아니었던 셈입니다. 가족이라면 어련히 말하지 않아도 가장의 심정을 이해할 것이며, 그 정도 실수쯤은 눈감아줄 것이라 믿었던 것입니다.

그러나 너무나 당연하게도, 딸은 아버지의 기대와 달리 고유한 '마음'을 지닌 존재였습니다. 그녀는 아버지의 의도와는 다르게 느끼고, 생각하고, 상처받을 자유가 있었습니다. 자녀는 부모와 다른 독자적인 '마음'을 가질 수 있고, 또한 그래야만 한다는 것을 인정하는 것이 부모로부터 심리적으로 독립하기 위한 전제 조건이 됩니다.

미충족된 욕구의 부유, 잡념

침투적 사고보다는 의식에 근접해 있으나, 여전히 비자발적인 형태로 발생하는 사고 활동에는 미충족된 욕구가 대치된 형태로 나타나는 잡념이 있습니다. 이 잡념들은 본래 결핍된 욕구의 대체품일 가능성이 크나, 잡념과 욕구 간의 관련성을 스스로 알아차리기 어려운 경우가 많습니다.

음식에 대한 잡념으로 폭식증에 시달리는 경우를 예로 들어보겠습니다. 폭식을 참아보려 해도, 위가 가득 찰 때까지 음식 생각이 머리를 떠나지 않습니다. 그러나 이 생각은 물리적 허기가 아니라, 정서적 허기일 가능성이 큽니다. 식욕이 아닌, 뭔가 다른 욕구가 채워지지 않는 상태에 있는 것입니다. 음식 생각을 걷어내고 나면 혼자라는 외로움이나 시험에 실패할 것이라는 불안, 해야 할 일을 미루고 있는 자신에 대한 실망, 가까운 사람들에게 버려질 것에 대한 두려움들을 마주하게 될지도 모릅니다.

현실에서 친밀감의 욕구를 충족하기 어렵고 스스로 자긍심을 느끼기 어려우니, 무의식은 정서적 허기를 채울 수 있는 대체품들을 나열하며 우리를 유혹합니다. 유혹의 손짓에 사로잡혀 충동적으로 반응하면 자괴감이 몰려오고, 그것을 잊기 위해 더 많은 잡념들이 물밀듯이 쏟아져 들어올 것입니다. 잡념을 떨쳐내려면 지금 내가 어떤 상황에서 어떤 불만족을 느끼는지 의식적으로 주의를 기울여야 합니다. '이것은 배가 고픈 게 아니라, 외로운 거야', '이것은 배가 고픈 게 아니라, 불안한 거야'라고 잡념과 자신의 감정, 좌절된 욕구 간의 연결성을 알아차려야 욕구를 현실적으로 충족할 수 있는 대안적인 생각과 행동으로 넘어갈 수 있습니다.

현실성이 결여된 수동적 생각, 소망충족적 공상

침투적 생각이나 잡념보다 더 의식에 가깝고, 자발적이면서도 현실성이 결여된 수동적 생각으로, 소망충족적인 공상이 있습니다. 소망충족적인 공상은 자신이 보고 싶은 현실의 일부만을 편집해서 드라마틱하게 창조해내는 사고입니다. 배가 고픈데 밥할 생각은 하지 않고 '저 나무 열매가 떨어져서 내 입으로 쏙 들어오면 좋겠다' 같은, 극히 발생하기 힘든 사건을 기대하며, 실낱같은 희망에 매달리는 것과 유사합니다. 소망충족적 공상의 대표적인 예가 짝사랑입니다. 사랑은 기본적으로 짝이 되는 양자의 애정의 교환이지만, 짝사랑은 이러한 사랑의 공식을 비껴갑니다. 양자 간의 애정은 비대칭적이며, 둘의 상호작용은 현실에 기반하지 않습니다.

로이 바우마이스터Roy F. Baumeister는 짝사랑을 경험한 사람들의 증언을 토대로 짝사랑의 심리적 역학 관계를 분석했습니다. 짝사랑이 발생했다는 것은 궁극적으로 두 사람 간의 이해가 부족했음을 의미합니다. 짝사랑은 엇갈림을 전제로 합니다. 즉, 양자가 정상적으로 접촉하지 못해 서로를 이해하지 못하고 자의적으로 해석하는 과정을 거칩니다. 짝사랑에 빠진 구애자는 상대방의 모습을 있는 그대로 보지 못하고, 자신의 환상을 상대에게 투영합니다. 상대방의 작은 말과 행동, 일상적인 우연 등 사소한 에피소드가 희망의 씨앗이 되고, 판타지의 재료가 됩니다. 상대의 의미 없는 미소가 곧 나에 대한 관심으로 해석되고, 우연한 마주침이 운명의 전주곡으로 들리는 것입니다.

반면, 짝사랑을 받는 사람은 구애자에 대한 자신의 감정을 명료화하기 어렵습니다. 나를 좋아해주니 고맙기도 한데 불편하기도 합니다. 어쨌든 상대에 대한 나의 감정이 무엇인지보다 중요한 것은, 머지않아 상대를 거절함으로써 나쁜 사람이 되어야 한다는 부담감입니다. 구애자는 거절당함으로써 환상 속의 그대를 놓치고 싶지 않고, 짝사랑을 받는 이는 거절함으로써 악역을 맡고 싶지 않으니, 둘은 자신의 감정을 솔직하게 털어놓기를 주저합니다. 구애자는 '나 너 좋아하는데, 너는 어때?'라고 말하지 못하고, 상대는 '혹시 너 나 좋아하니?'라고 물어보지 않습니다.

애매모호한 기류 가운데, 구애자는 상대의 주변을 돌며 눈치를 살피지만, 머릿속에서는 고백받고, 사귀고, 결혼하고, 아이 이름 정하는 판타지 소설을 써갑니다. 그러나 현실에서 그런 일은 이뤄지지 않죠. 짝사랑을 끝내려면 자신의 마음을 고백해서 상대의 거절 의사를 분명히 확인하거나, 상대가 어떤 사람인지를 현실적으로 보아야 합니다. 과연 환상 속의 그대는 실제로 내가 생각하던 사람이 맞는 걸까요? 상대의 실체를 겪고 나면, 자신의 환상이 완전한 착각이었음을 깨닫게 될지도 모릅니다. 실제로 둘이 사귀게 된다고 한들, 사귄 후에 마주한 상대는 자신이 생각하던 그 사람이 아닐 것입니다. 이를 두고 로이 바우마이스터는 '짝사랑은 이루어지지 않을 미래에 대한 꿈을 꾸기 때문에 일어나는 현상이며, 짝사랑의 종결은 결국 모든 희망, 꿈들이 사라져가는 현실로 수렴한다'라고 결론을 내립니다.

만일 반복적으로 이루어질 수 없는 대상을 골라 응답받지 못할 사랑에 빠지거나 상대에 대한 환상을 곱씹고 있다면, 그 사랑의 원동력은 자신에 대한 불만족일지도 모릅니다. 내가 갖지 못한 무엇인가를 상대방이 채워줄 것이라는 환상이 있고, 나의 환상에 부합하는 모습만을 그 사람의 모습으로 간직하고 싶은 것입니다. 짝사랑이 현실도피의 일환으로 소비되는 셈입니다. 그러니 짝사랑의 열병에 시달리고 있다면 자신이 상대를 얼마나 현실적으로 보고 있는지, 현실적인 관계 맺음을 위해 얼마나 노력했는지 자문해볼 필요가 있습니다. '내가 이 사람에 대해 얼마나 알고 있는 것일까?'

만일 상대를 진정으로 알고자 적당한 거리에서 관찰해본다면, 자신의 호의에 상대가 어떻게 반응하는지, 자신이 거리를 좁혀 한 걸음 다가갈 때 상대가 물러서지는 않는지를 보게 될 것입니다. 상대의 진의를 확인하기 위해서는 자신의 마음을 행동으로 던져야 하고, 상대의 반응을 있는 그대로 보아야 합니다. 나는 다가갔지만 상대는 멀어진다면, 상대의 마음을 존중해줄 수도 있어야 할 것입니다.

상대가 어떤 사람인지, 상대의 진심이 무엇인지 알아차리기 어렵고 상대에게 말할 용기를 내기 어렵다면, 자신이 현실보다는 소망충족적인 공상에 머무르는 쪽을 선택했음을 인정해야 합니다. 그리고 언젠가 로맨스 판타지 소설이 끝나는 시점이 올 것을 예상하며, 눈을 돌려 자신의 현실을 직면해야겠죠. 현실의 어떤 결핍이 판타지의 자양분이 되었는지 말입니다.

관심에 목마른 자는 상대의 사소한 친절에서 자신의 결핍을 채우고자 한 것일 수도, 오래 사귄 애인과의 관계가 지루해 새로운 사랑의 설렘을 찾고 있었을 수도 있습니다. 내가 사랑받을 자격이 없는 사람이라고 믿는다면 어차피 불가능한 사랑을 꿈꾸는 편이 위안이 되었을 수도 있고요. 심지어 꼭 그 사람일 필요도 없었을지 모르죠.

짝사랑의 대상이 누구든지 간에, 나의 현실은 변함없이 그 자리에 있다는 것을 잊지 말아야 할 것입니다. 꼭 짝사랑

4. 나 자신과 화해하고

이 아니더라도 허황된 소망들로 채워진 판타지를 수시로 동원하고 있다면, 이것이 내가 만들어낸 생각일 뿐임을 직시해야 합니다. 그래야만 현실을 피해 잠시 공상 속에서 위안을 얻을지라도, 다시 현실에 발을 딛고 살 수 있기 때문입니다. 과자로 만들어진 집을 찾아 숲으로 걸어 들어갈 땐, 현실로 돌아올 수 있는 조약돌을 뿌려두어야 합니다. 〈인셉션〉에서 주인공 코브가 꿈과 현실을 구분하기 위해 항상 팽이를 가지고 다니듯 말입니다.

원인을 분석하고 대처를 모색하는, 문제해결적 사고

앞의 세 유형과 달리, 문제해결적 사고는 현실에 기반한 의식적이고 자발적인 사고 활동입니다. 문제의 원인을 분석하고, 현실에 근거해 대처 방식을 모색하는 목적 지향적이고 합리적인 사고로 볼 수 있습니다. 건설적 사고는 단지 생각에만 그치지 않고, 적극적인 행동으로 전환됨으로써 현실에 직접적인 영향을 미칠 가능성이 큽니다.

모든 사람에게 좋은 사람이 되고자 노력해왔던 한 청년은 직장 동료의 난데없는 불친절과 무시를 견디기 어려웠습니다. 딱히 갈등이나 어떤 계기가 있었던 것도 아닌데, 그 동료는 어느 날부터 자신을 투명 인간 취급을 했습니다. 청년은 불쾌한 기억을 되새기면 부정적인 감정이 되살아날 것만 같아서, 그 일을 덮어두고 일에만 집중하려 했습니다. 그러나 있었던 일은 결코 없던 일이 될 수 없으며, 직장 동료는 매일 마주쳐야 하는 현실이었습니다. 급기야 그 동료는 다른 직원들과 함께 있을 때에도 자신에게 무례한 행동을 보이기 시작했습니다. 어느 날 그가 후배와 대화를 나누고 있는데, 그 동료가 갑자기 끼어들더니 후배에게 '너 빨리 이리 와!'라며 소리를 질렀습니다. 얼떨결에 후배를 돌려보낸 청년은 자신의 마음을 어지럽히는 불쾌함의 정체를 깨닫지 못했습니다.

'착한 사람이 되어야지'라는 말에 길들어 남에게 피해 끼치지 않고 예의 바르게 행동하는 것을 최우선으로 생각하지만, 자신을 보호하는 법을 배우지 못한 사람들은 타인의 무례한 침범에 무방비로 노출되곤 합니다. 저런 몰상식한 일은 인간으로서 할 짓이 아니라고 생각하기 때문에, 다른 사람이 어떤 순간에 어떤 식으로 선을 넘어올지 전혀 예상하지 못하는 것입니다. 따라서 이에 대비한 최소한의 자기 방어도 못하는 경우가 많습니다. 그래서 타인이 선을 넘어올 때, 도대체 무슨 상황인지 깨닫지도 못한 채 속수무책으로 당하고 맙니다. 혹은 자신이 분노를 표현하면 너무 세게 표출될까 지레 겁을 먹고, 분노를 억누르다가 화병이 납니다.

자신이 어떤 상황에서 불편을 느끼고 어떤 사람인지를 잘 모른 채, 사회적 기대에 따라 커온 사람들에게 분노는 생소하고 어려운 감정입니다. 분노를 적절하게 표현해야만 한다는 인식 자체가 없으며, 분노를 부드럽고 단호하게 표현하는 것이 가능하다는 생각은 선택지에도 없는 경우가 많습니다. 착한 아이에게 분노는 자신의 마음속에서 제거해야만 하는 나쁜 감정이기 때문입니다.

그러나 표현되지 못한 분노는 자신의 마음속에서 증폭되고, 이것을 쏟아내면 자신이 주체할 수 없을 정도로 터져버릴 것 같은 두려움을 느낍니다. 적당한 선에서 표현해본 적이 없기에, 상상 속에서 괴물처럼 맹렬하게 폭발하는 것입니다. 하지만 분노는 자기주장을 해야 할 타이밍이 왔음을 알리는 신호이며, 남에게 발휘하는 친절의 반이라도 자신에게 발휘해 분노의 부름에 친절하게 응답해야 합니다. 이런 사람들에게는 분노에 대한 새로운 정의가 필요합니다.

'분노는 나쁜 것이 아니다.'
'분노는 자기주장의 다른 이름이다.'
'분노는 부드럽게 표현될 수 있다.'

늘 좋은 사람으로 남고 싶었던 청년은 다행히 건설적인 문제해결적 사고의 역량을 충분히 지닌 인물이었습니다. 동료가 무례하게 대화에 끼어들었던 순간으로 되돌아가서, 그 당시의 경험을 되살려봤습니다. 그 당시 동료에게 하고 싶었던 말을 있는 그대로 해보라고 하자, 그는 상당히 머뭇거렸습니다. 욕을 해도 괜찮다고 안심시켜주자 "너 왜 함부로 끼어들어? 넌 집에서 그렇게 배웠어?"같이 거친 감정을 수면 위로 끌어올릴 수 있었습니다. 그에게 왜 여태 그렇게 표현할 수 없었는지 묻자, 청년은 자신이 몰상식한 사람이 되는 것 같고 또 회사에서의 평판이 걱정된다고 했습니다.

맞는 말입니다. 그래서 중요한 것은 이제 예의 바르면서도 똑 부러지게 할 수 있는 말을 찾는 과정입니다. 자신의 감정과 자신이 처한 맥락, 그리고 상대의 입장을 고려한 이러한 문제해결 과정을 일상에서 좀처럼 경험하기 어려웠던 청년에게, 분노는 참거나 폭발시키거나 양자택일의 문제였습니다. 그러나 자신에게 주어진 현실의 다양한 요소들을 동시에 고려하고 이런저런 궁리를 한 끝에, 자신을 주장할 수 있는 적절한 언어적 대응책을 완성해낼 수 있었습니다. "아직 내 얘기가 끝나지 않았으니 잠깐만 기다려줘."

어쩌면 이리도 간단한 것을! 청년은 이 간단한 말을 하지 못해 오랫동안 괴로웠던 것입니다. 그렇다고 이렇게 대응하지 못했던 과거의 자신을 자책할 필요는 없습니다. 그 당시의 나는 당시의 한계로 그것이 최선이었고, 일련의 경험을 거치면서 이제는 새로운 대응책을 장착하게 된 것입니다. 그때의 나로서는 어쩔 수가 없었고, 지금의 나는 새로운 방법을 배웠다고 생각하면 됩니다. 물론 '다음에 비슷한 상황이 닥치면 이렇게 말해야지!'라고 아무리 다짐해도 반응이 여전히 반 박자 느리거나, 목소리는 심하게 떨리고, 생각과 달리 말의 조리가 형편없이 부족할 수 있습니다.

그러나 너무 실망할 필요는 없습니다. 단기간 훈련으로 신체 근육을 단박에 키울 수 없듯, 한두 번 시도로 심리적인 근육이 충분히 커지기란 어렵습니다. 그동안 사용하지 않던 근육을 키우듯 진득하게 문제해결 과정을 반복하다 보면, 경험을 통해 어제보다 나은 내가 되고 있다는 자신감이 커지고, 이것이 곧 현실을 살아가는 자양분이 될 것입니다.

사고의 질적인 수준에서 보자면, 건설적인 문제해결적 사고는 가장 자발적이고 의식적인 생각이고, 또 권장되는 사고 유형입니다. 그러나 모든 무의식적이고 비자발적인 생각들을 건설적인 사고로 전환해야만 건강해지는 것은 아닙니다. 심리적 건강에서 중요한 것은 어느 한 가지 자원의 유별난

특출함이 아니라, 전체적인 균형과 유연성입니다. 침투적 사고든 잡념이든 소망충족적인 공상이든 간에, 그 모든 생각은 나름의 기능이 있습니다. 또 내가 의도했건 아니건, 우리의 마음속에서 항시 일어나는 경험이기도 하고요. 한 가지 경험을 억누르고 부인할수록 심리적 균형은 무너지고, 오히려 다른 형태로 전환되어 문제가 악화됩니다. 부정적인 생각을 없애고 억지로 긍정적인 사고로 전환하려는 시도 역시 한계에 부딪히기 쉽습니다. 긍정적이고 좋은 생각만 남겨두려는 시도는 부정적이고 비관적인 생각에 빠져드는 과정과 마찬가지로, 자신에 대한 통합적인 이해를 가로막습니다.

　나의 내면세계에서는 내 의지와 관계없이 많은 생각이 일어났다 사라지기를 반복합니다. 그 생각 하나하나를 검열하여 좋은 것만 남기고, 나쁜 것은 뜰채로 걸어내기란 불가능합니다. 그러니 자신의 생각들을 검열하는 감시자가 되는 대신에, 내 안에서 일어나는 생각들을 있는 그대로 담아두는 그릇을 마련하는 편이 좋겠습니다. 그릇 안에 들어갈 내용물을 내가 일일이 취사선택할 수는 없겠으나, 그릇의 깊이와 견고함을 더해가는 것은 분명 나의 몫일 것입니다.

내 이야기의 작가이자 독자가 되어

항상 소설 속 주인공처럼 살아간다면

자신의 마음속에 떠오르는 다양한 감정과 생각들을 담아내고, 원치 않는 감정과 생각에 빠져서 허우적대지 않기 위해서는, 나 자신을 한 발짝 물러나서 바라보는 태도가 필요합니다. 우리는 자기 인생을 줄거리로 하는 소설의 주인공입니다. 느닷없이 태어나서, 난데없는 난관을 맞이하고, 상처받고 좌절하며, 배우고 성장해갑니다. 소설 속 주인공은 주어진 각본대로 닥쳐오는 운명을 맞이합니다. 자신이 왜 여기에 이르게 됐는지, 다음 페이지에서 자신이 어떻게 될지 이야기가 끝날 때까지 알지 못합니다. 자신을 둘러싼 주변 인물들에게 무슨 일이 발생하고, 그들이 어떤 생각과 의도를 가졌는지도 다 알 수는 없지요.

주인공은 자신이 처한 상황, 지금의 이 고통과 슬픔이 큰 이야기의 한 조각일 뿐임을, 작가의 의도에 따라 움직이고 있음을 알지 못합니다. 그러니 소설의 주인공처럼 인생을 살면, 순간순간 격렬한 감정과 생각을 경험하고, 그때마다 그것이 전부인 것처럼 휩쓸리기 쉽습니다.

물론 내 인생의 주인공은 나 자신입니다. 살아가면서 자신만의 인생 이야기를 완성해가고 있는 것입니다. 그러나 나는 주인공일 뿐만 아니라 그 소설의 작가이고, 독자이기도 합니다. 물론 작가라고 해서 마음대로 이야기를 써 내려가는 전지전능함은 없습니다. 실제 소설 작가도 항상 자기 마음대로 이야기를 풀어가지는 못합니다. 전체적인 등장인물 간의 관계를 고려해야 하고, 독자들의 반응이나 편집자의 의견, 시간, 비용 같은 현실적인 요건들도 고려해야 합니다. 그러나 디테일한 설정은 다를 수 있지만, 그 이야기를 만들어가는 주체는 작가입니다. 마찬가지로 나는 내 인생을 만들어가는 주체이고, 내가 어떤 인생 이야기를 완성하고 싶은지에 따라 그 방향을 결정하는 것도 나 자신입니다.

또 내 인생의 다른 등장인물들도 내 이야기에서는 조연이지만, 각자 그들의 이야기에서는 그들이 주인공이고 작가입

4. 나 자신과 화해하고

니다. 그러니 등장인물들을 내 마음대로 할 수 없는 게 당연합니다. 그들은 그들의 의지대로 자신의 이야기를 써 내려가는 중이니까요.

나는 또한 내 인생이라는 이야기를 읽고 있는 독자입니다. 독자는 주인공이 지금 겪는 일들이 큰 이야기의 일부임을 알고 있습니다. 주인공이 지금 무슨 생각을 하고, 어떤 감정을 느끼는지 보고 있으며, 주변 인물들의 상황도 함께 고려할 수 있습니다. 소설 속의 주인공보다는 훨씬 넓은 관점에서 이야기의 흐름을 꿰뚫고 있는 것입니다.

한걸음 물러나서 나를 바라보기

우리가 인생을 살며 다가오는 사건에 속수무책으로 휘말리는 비극의 주인공으로 남을 것인지, 작가이자 독자로서 이야기를 함께 만들어갈 것인지 선택이 필요합니다. 내 인생의 작가이자 독자가 되기 위해서는, 정신화mentalization와 마음챙김mindfulness의 태도가 필요합니다. 정신화란 현실에서 한 걸음 뒤로 물러나, 그것의 저변에 있는 정신 상태의 관점에서 반응하는 것을 말합니다. 우리는 각자 '마음'이 있고, 이 마음은 외부 세상으로부터 주어진 경험을 중재합니다.

컵에 반쯤 물이 찬 것을 보고, '반밖에 없네'라고 반응할지,

'반이나 남았네'라고 할지는 마음에 달린 것입니다. 인간은 자신이 가진 고유한 마음 덕분에, 자신에게 주어진 경험을 정신적으로 해석할 수 있습니다. 원효대사가 한밤중에 달콤하게만 느껴졌던 물이 해골에 고인 물이었음을 깨닫고 구역질을 한 것, 그리고 이후에 모든 것이 자신의 마음에서 비롯된 것임을 깨닫는 과정이 정신화의 예시입니다. 정신화는 자신의 경험에 대해 사유하고 반성하며 통합하는 성찰적 태도입니다.

정신화를 통해 성찰하기

정신화의 태도, '너에게는 너의 마음이 있고, 나에게는 나의 마음이 있으며, 마음이 경험에 영향을 미칠 수 있음'에 대한 신념은 인생 초기에 경험한 애착 관계의 질에 크게 의존합니다. 양질의 애착 관계는 아이의 마음에 반응해줌으로써, 너와 나의 마음이 분리되어separated 있지만, 또한 연결되어related 있으며 서로 영향을 주고받는다는 감각을 심어줍니다. 그렇다면, 양질의 애착 관계를 경험하지 못한 사람은 어떨까요? 평생 나의 마음에도, 누군가의 마음에도 닿지 못한 채 살아가야 할까요?

인간의 경이로움은 자신이 생애 초기에 경험한 애착 관계

4. 나 자신과 화해하고

마저도, 정신적인 관점에서 통합하고 해석해낼 수 있다는 점에 있습니다. 과거의 경험 자체를 바꿀 수는 없지만, 경험에 대한 우리의 태도는 바꿀 수 있습니다. 자신의 경험이 어떤 의미인지, 어떠한 맥락에서 발생한 것이며, 나에게 어떤 영향을 미쳤는지, 나의 몫이 무엇이며, 내가 통제할 수 없는 타인의 몫이 무엇인지 등을 깨달음으로써, 과거의 어느 시점에 고착된 경험이 새로운 물꼬를 찾아 흘러가게 됩니다.

나와 부모는 어떠한 상호작용을 했으며, 부모는 왜 그럴 수밖에 없었는지, 나는 그때 어떤 경험을 겪었으며, 그것이 나에게 어떤 영향을 미쳤는지, 그 영향에서 벗어나기 위해 무엇이 필요한지에 대해 성찰함으로써 변화할 여지가 생기는 것입니다. 과거에는 그저 주어진 운명에 수동적으로 끌려갈 뿐이었지만, 현재는 능동적으로 나의 이야기를 써 내려갈 수 있습니다.

이러한 과정을 통해 초기 애착 관계에서 형성된 불가항력적이고 반사적인 반응에서 점차 벗어나고, 주체적인 삶의 주인공으로 거듭날 수 있게 됩니다. 그러니 '부모로부터 사랑과 돌봄을 받지 못한 내가 다른 사람을 사랑할 수 있을까요?', '좋은 부모가 될 수 있을까요?'라는 질문을 마음에 품고 살지 않아도 됩니다. 부모와 나는 다르고, 내가 어떤 태도를

지니는지에 따라, 내가 받지 못했던 사랑을 자신과 타인에게
도 줄 수 있기 때문입니다

마음챙김을 통해 알아차리기

정신화가 경험의 내용content에 주의를 기울이고 이를 성찰하
는 것이라면, 마음챙김은 경험의 과정process에 주의를 기울
이고 알아차리는 것을 의미합니다. 마음챙김은 현재 순간의
경험에 대해 '의도적이고, 비판단적인' 주의를 기울이는 것
으로, 자신의 내외부에서 시시각각 벌어지는 경험들을 있는
그대로 바라보는 것입니다.

'의도적'이라는 말에서 알 수 있듯, 마음챙김은 무의식적
인 반사적 반응에 끌려가는 것이 아니라, 자신이 지금 무엇
을 느끼고 하는지 순간순간 의식적으로 깨닫는 것입니다. 또
한 '비판단적'이라는 말에서 알 수 있듯이, 자신의 경험에 대
해 '좋은 것과 나쁜 것, 옳은 것과 그른 것'이라는 평가적 잣
대를 들이대지 않습니다. 가치판단을 배제하고, 그저 '아, 내
가 지금 이런 생각을 하는구나', '내가 지금 불안하구나', '내
가 지금 외롭구나' 하고 알아차리는 것입니다. 즉, 내 이야기
의 독자가 되어 지금 벌어지는 경험들을 차분히 읽어나가는
것입니다.

4. 나 자신과 화해하고

사람들 앞에서 얼굴이 붉게 달아올라 고민이라는 한 여성은 얼굴의 열기가 느껴질 때면, 창피해 죽을 것만 같다고 토로했습니다. 얼굴이 붉어지면 남들이 자신을 어떻게 볼지 신경 쓰이고, 자신의 부족함과 초라함이 모두 들통날 것 같아 불안하다고 했습니다.

남들이 자신의 초라한 내면을 모두 꿰뚫어볼 것이라는 착각은 그녀의 불분명한 경계 문제를 보여줍니다. 남들은 그녀의 얼굴이 붉어진 것을 알아차리지 못할 수도 있고, 알아차렸다고 한들 왜 얼굴을 붉히는지 이유도 알기 어려우며, 안다고 한들 큰 문제 될 것도 없다는 사실을 머리로는 알고 있습니다.

그러나 불안에 사로잡힌 그녀의 마음속에서는 타인의 시선이 경계를 뚫고 막무가내로 자신을 침범하는 것처럼 느껴집니다. 이 침범에서 자신을 보호하기 위해, 그녀는 타인의 시선을 피하거나 급히 자리를 뜨는 등 부자연스럽게 행동했습니다.

마음챙김은 있는 그대로 자연스러우며, 심리적 에너지를 덜 소모하는 대처 방식입니다. 얼굴의 홍조가 느껴지면, '아 지금 얼굴이 달아오르는구나' 하고 그저 알아차리는 것입니다. 얼굴이 붉어진 것은 붉어진 것일 뿐, 그것이 곧 자신이 못난 사람이거나 부족한 사람임을 의미하지 않습니다. 그런 의미를 부여한 것은 그녀 자신이지, 다른 사람들이 아닙니다. '이것은 그저 내 생각일 뿐이야' 하고 자신의 몫과 타인의 몫을 구분할 것, 그리고 그 어떤 판단도 배제하고 그저 자신에게 다가오는 경험들을 관찰하는 것입니다.

"왜 이렇게 얼굴이 빨개졌느냐고 다른 사람이 물어보면 어떡하죠?" 뭔가 그럴듯한 대답을 꾸미려고 하지 말고, 있는 그대로 답하는 것이 가장 간단하고 쉽습니다. 어떻게 말해야 할지 모를 땐 진실을 말하는 게 가장 좋은 방법입니다. '그러게, 나도 모르게 얼굴이 빨개지네' 정도로 말입니다. 그저 있는 그대로 관찰하고 진솔하게 털어놓으면, 거짓말을 할 필요도 없고 숨기려고 애쓸 필요도 없습니다.

부정적인 경험을 통제하기 위해 애쓰지 않으면, 그것을 통제하기 위해 들이던 심리적 에너지를 낭비하지 않게 되고, 마음의 여유가 생겨납니다. 여유가 생기면 더 긴장하지 않을 것이고, 홍조는 얼마 지나지 않아 사라질 것이고요. 또 사라지지 않는다고 한들, 남에게 피해를 주는 것도 아니고, 그저 '내가 이런 특징이 있네', '피부가 좀 예민하네' 하고 스스로를 관대하게 보면 됩니다.

4. 나 자신과 화해하고

나에게는 나의 길이 있음을

정신화와 마음챙김의 공통점은 경험으로부터 한 걸음 물러 난다는 것에 있습니다. 경험에 갇혀서 휘둘리지 않고, 경험 에서 거리를 두며 경험을 있는 그대로 알아차리고, 그 의미 를 성찰하는 것입니다. 그 알아차림과 성찰로 말미암아, 그 다음 단계에서 나 자신을 위해 무엇을 할지를 선택할 수 있 는 여지가 생깁니다.

이러한 거리두기는 어찌 보면 인간의 본능과는 상당히 상 반되는 정신 작용입니다. 인간의 감정과 생각은 대개 부정적 인 방향으로 흐르기 쉽습니다. 진화적으로 봤을 때, 부정적 인 사건에 주의를 기울이는 것이 위험 대비를 가능케 함으로 써 생존률을 높이기 때문입니다. 그러나 정신화와 마음챙김 은 경험에 대한 본능적이고 반사적인 반응reaction에 머물지 않고, 의식적이고 책임감responsibility 있는 응답response을 선택 하는 태도입니다. 이러한 태도는 자신의 인생에 훨씬 큰 책 임을 요구하지만, 이 책임의 무게만큼 우리는 나 자신으로서 원하는 삶을 살 수 있는 자유를 누릴 수 있습니다.

가수 양희은 님은 '그러라 그래!'와 '그럴 수 있지'를 삶의 모토로 삼고 살아가신다고 합니다. 삶에 대한 비관과 냉소에 잠식되지 않고, 나의 마음이 그럴 수 있듯 타인의 마음도 그릴 수 있으며, 적당히 떨어진 거리에서 그 마음을 지켜보는 것, 그리고 자신의 길을 걸어가는 것. '그러라 그래!'와 '그럴 수 있지'에는 그 길을 충실히 걸어온 자의 삶에 대한 애정과 여유가 담겨 있지 않나 싶습니다.

나의 내면세계에서는 많은 생각이 피고 집니다.

그 생각 하나하나를 검열해 좋은 것은 남기고,

나쁜 것만 뜰채로 걷어내기란 불가능합니다.

그러니 생각을 검열하는 대신에,

내 안의 생각들을 있는 그대로 담아두는

그릇을 마련하는 편이 좋겠습니다.

이만하면 그럭저럭 괜찮은 것 같아요

마음이 몹시 힘들 때 이 글들을 쓰기 시작했습니다. 할 일은 많은데 뜻대로 되는 일은 별로 없고, 열심히 한다고 했는데 다들 더 잘하라고 질책하는 것만 같던 시기였습니다. 해야 하는 일을 처리하느라 모든 시간과 에너지를 쏟고 나면, 정작 나를 위해 쓸 수 있는 시간과 에너지는 하나도 남아 있지 않았습니다. '이런 방식으로는 더 버틸 수 없을 것 같다'라는 생각이 들 때쯤, 힘들게 버텨오던 몇몇 일들을 정리했습니다. 무엇이든 악착같이 다 잘 해내야 한다고만 믿고 살았는데 나는 그렇게 다 잘할 수도, 그럴 필요도 없다는 걸 깨닫기 시작했던 것 같습니다.

'남들은 이것보다 더 열심히 사는데, 나는 뭘 얼마나 했다고 징징대나' 같은 자기 비난의 목소리가 시시때때로 울렸지만, '남은 남이고, 나는 나다. 내가 처한 상황과 나의 체력, 에너지를 고려했을 때 이게 최선이다'라고 스스로를 다독였습니다. 그제야 다른 사람들과의 비교를 내려놓고서 나는 어떤 사람이고, 내 한계는 어디까지인지 고민을 시작했습니다. 그리고 덧붙여서, 해야만 하는 일 대신에 하고 싶은 일들을 위한 시간을 조금이라도 남겨두고자 했습니다. 하고 싶은 일을 위해 마련된 시간에 이 글들을 써 내려가면서, 나는 왜 심리학을 하게 됐고, 그동안의 경험을 통해 무엇을 느꼈는지 돌아볼 수 있었습니다.

글을 세상에 내놓기까지 고민이 많았습니다. 이 글들은 저에게 던져진 인생의 수수께끼를 풀기 위해, 지금까지의 경험들을 통해 찾아낸 한 가지 방향성을 담고 있습니다. 완벽한 정답도 아니고, 제 생각과 다른 방향이 존재할 수도 있습니다. 심지어 누군가에게는 맞지 않는 길일 수도 있고요. 게다가 저 역시 제가 머리로 이해한 것들을 현실에서 온전히 실천하지도 못합니다.

그렇게 보면, 현실 속의 저는 제가 쓴 글을 한참 따라가지 못하는 부족한 인간이기도 합니다. 그저 '이러한 방향으로 한번 나아가보자'라는 스스로의 다짐을 기록한 것입니다. 언젠가는 이 다짐들이 달라질 수도 있고, 또 다른 방향의 길을 찾게 될 수도 있을 것입니다. 그러니 이 글들이 '반드시 이렇게 해야 해!'라는 강한 메시지로 읽히지 않았으면 합니다. 다만 비슷한 주제의 어떠한 고난을 겪을 때, '이런 관점에서 생각해볼 수도 있구나' 같은 한 가지 옵션이 되었으면 합니다.

그동안 완벽하지도 않으면서 완벽을 추구하고, 내 뜻대로 되지 않는 일에 좌절하느라 너무 많은 에너지를 쏟아왔습니다. 모든 일을 잘 해낼 수 없음을 인정하고, 모든 사람에게 칭찬받을 수 없음을 인정하고, 사람이니까 실수할 수 있고, 누군가에게 미움받을 수 있고, 원하는 것들을 얻지 못할 수 있음을 받아들이려 노력하는 중입니다.

이 책을 쓰는 여정이 저에게는 나를 발견하고, 위로하는 길이었습니다. 그러니 이 책의 끝맺음에서 느끼는 아쉬움도 조금은 내려놓고, 이만하면 그럭저럭 괜찮다고 말해주려고 합니다. 책을 읽는 여러분도 그동안 각자 자신이 들여온 수고를 격려하고, 내 모습 이대로, 이만하면 그럭저럭 괜찮다고 느끼는 순간들을 차츰 더 발견하셨으면 합니다.

- 이부영, 《그림자: 내 마음속의 어두운 반려자》, 한길사, 2021
- 키키 키린, 현선 역, 《키키 키린: 그녀가 남긴 120가지 말》, 항해, 2019, 199p.
- 네일 제이콥슨 & 앤드류 크리스텐슨, 이선희·고열 역, 《부부치료에서의 수용과 변화》, 학지사, 2012
- 대니얼 길버트, 《*Stumbling on happiness*》, Knopf, 2006
- 대니얼 카너먼 & 앵거스 디턴, 2010, 〈High income improves evaluation of life but not emotional well-being〉, *Psychological and Cognitive Sciences*, 2010, 107(38), 16489-16493.
- 데이비드 리켄 & 아우케 텔레건, 〈Happiness is a Stochastic Phenomenon〉, *Psychological Science*, 1996, 7(3), 186-189.
- 데이비드 왈린, 김진숙 역, 《애착과 심리치료》, 학지사, 2010
- 도널드 위니캇, 이재훈 역, 《놀이와 현실》, 한국심리치료연구소, 1997
- 로이 바우마이스터, 민병모 역, 《짝사랑의 두 얼굴》, 시그마 프레스, 2004

- 반데르 발스, 〈Problems of Narcissism〉, *Bulletin of the Menninger Clinic*, 1965, 29(6), 293-311.
- 수잔나 플로레스, 안진희 역, 《페이스북의 심리학》, 책세상, 2015
- 스티븐 헤이즈 & 스펜서 스미스, 민병배·문현미 역, 《마음에서 빠져나와 삶 속으로 들어가라》, 학지사, 2010
- 오토 컨버그, 윤순임 외 역, 《남녀관계의 사랑과 공격성》, 학지사, 2009.
- 제임스 홀리스, 김현철 역, 《내가 누군지도 모른 채 마흔이 되었다》, 더퀘스트, 2018
- 제프리 영 외 3명, 권석만 역, 《심리도식치료》, 학지사, 2005
- 조니스 웹 & 크리스틴 뮤셀로, 강에스더 역, 《정서적 방치와 공허감의 치유》, 학지사, 2018
- 조르디 쿠아드박 외 3명, 〈Money Giveth, Money Taketh Away : The Dual Effect of Wealth on Happiness〉, *Psychological Science*, 2010, 21(6), 759-763.
- 프레이저 보아, 박현순·이창인 역, 《융학파의 꿈해석》, 학지사, 2018, 233p, 277p, 295-296p.
- 필립 플로레스, 김갑중·박춘삼 역, 《애착장애로서의 중독》, NUN, 2010
- 하임 기너트 외 2명, 신홍민 역, 《부모와 아이 사이》, 양철북, 2003

떠날 수 없는 관계는 없습니다

2022년 9월 14일 초판 1쇄 발행

지은이 임아영
펴낸이 박시형, 최세현

책임편집 박현조 **디자인** 정아연
마케팅 권금숙, 양근모, 양봉호, 이주형 **온라인마케팅** 현나래, 신하은, 정문희
디지털콘텐츠 김명래, 최은정, 김혜정 **해외기획** 우정민, 배혜림
경영지원 홍성택, 이진영, 임지윤, 김현우, 강신우
펴낸곳 (주)쌤앤파커스 **출판신고** 2006년 9월 25일 제406-2006-000210호
주소 서울시 마포구 월드컵북로 396 누리꿈스퀘어 비즈니스타워 18층
전화 02-6712-9800 **팩스** 02-6712-9810 **이메일** info@smpk.kr

쌤앤파커스(Sam&Parkers)는 독자 여러분의 책에 관한 아이디어와 원고 투고를 설레는 마음으로 기다리고 있습니다. 책으로 엮기를 원하는 아이디어가 있으신 분은 이메일 book@smpk.kr로 간단한 개요와 취지, 연락처 등을 보내주세요. 머뭇거리지 말고 문을 두드리세요. 길이 열립니다.